Beat Sterchi

*Going to Santiago*
Rotpunktverlag

Para Paco, 10 - III - 03, Nay 4

Beat Sterchi

# Going to Santiago

*Spanien*
*Fahrten Fährten Feste*

WoZ im Rotpunktverlag

Der Autor dankt der Pro Helvetia, ohne deren Unterstützung einige dieser Arbeiten nicht entstanden wären.

© 1995 beim Rotpunktverlag
Alle Rechte vorbehalten

Lektorat: Andreas Simmen, Daisy Sommer
Korrektorat: Jürg Fischer
Umschlagkonzept: Agnès Laube
Umschlagfoto: Pia Zanetti
Umbruch und Typografie: Carmen Berchtold
Karte: Thomas Zobrist
Gesetzt in der New Baskerville
Herstellung: Die Wochenzeitung WoZ, Zürich
Druck: Fuldaer Verlagsanstalt, Fulda
ISBN 3-85869-161-5

# Inhalt

Ein Weg ausserhalb der Zeit    7
*Unterwegs nach Santiago de Compostela*

Denn das schöne blaue Meer macht manches wieder gut    23
*Ein Besuch in der Ferienfabrik Benidorm*

Fest für Maria in Malagas Gassen    39
*Die hohe Kunst der Osterprozession*

Andalusien – Land der Herren und Knechte    45
*Wunden, die die Zeit nicht heilt*

Geliefert wird nur gegen bar    59
*Eine Reise in die spanische Krise*

Barcelona – Spaniens selbstbewusste Stieftochter    65
*Ein vorolympischer Stadtbericht*

Der Ball ist rund wie die Welt    77
*Fussball – mehr als ein Spiel*

Schnitt und Punkt    81
*Eine Grenzbeschreibung im Süden Europas*

Wasserkriege    95
*Schönes Wetter – zerstörende Sonne*

| | |
|---|---|
| Verwüstete Welt  *Waldbrand und Wallfahrt* | 99 |
| Reigen und Riten, Wein und Visiten  *Das grosse Fest der kleinen Stadt Morella* | 103 |
| Europas Garten Eden  *Almería – 22 000 Hektar unter Plastik* | 121 |
| Tanz der Pyromanen  *Die Fallas in Valencia* | 125 |
| El Cordobés kehrt zurück  *Popularität eines anachronistischen Rituals* | 135 |
| Das Hotel Pegaso – null Sterne, sechs Räder  *Unterwegs im Lastwagen durch Nordspanien* | 141 |
| Mazet  *Reden und Schweigen eines Schankwirtes* | 157 |
| Aznar  *Neuer Leader, alte Rhetorik* | 165 |
| Amador Sebastia  *Ein Emigrant erzählt seine Überlebensgeschichte* | 169 |
| Das wahre Gefälle  *Ein Honduraner zu Besuch im Mutterland* | 191 |
| Quellennachweise | 198 |
| Übersichtskarte | 199 |

# Ein Weg ausserhalb der Zeit
*Unterwegs nach Santiago de Compostela*

Gehen.
Darum geht es.
Nur um das Gehen.
Ich gehe.
Beharrlich gehe ich querfeldein. Ich gehe auf Hauptstrassen, ich gehe auf Naturstrassen, auf Sumpf- und auf Saumpfaden, ich gehe auf Wegen aller Art.

Es führen viele Wege nach Rom, aber ich gehe in die andere Richtung, ich gehe auf dem Weg der Wege: Ich gehe auf dem Jakobsweg, auf dem Jakobsweg gehe ich nach Santiago de Compostela. Fünf Wochen lang gehe ich durch Dörfer und Städte, durch Äcker und Felder und Weiden quer durch Spanien.
Ich gehe von morgens bis abends.
Manchmal bleibe ich stehen, schaue zurück.
Was?

So weit bin ich heute schon gegangen? Eben war ich doch noch in jener Stadt. Im Dunst am Horizont kann ich ihre Umrisse kaum mehr erkennen.
Ich gehe weiter, immer weiter.

Wenn ich meinen Wanderstock nicht gegen kläffende Hunde erhebe, wenn ich ihn nicht als Stütze im Morast gebrauche, schlage ich damit den Takt. Bei jedem vierten Schritt

stosse ich ihn neben meinem rechten Schuh in die Erde. Mein Stock verleiht mir Schwung; als wollte ich vom Boden abheben, drücke ich meine Fussgelenke durch, und mein Rucksack ist mir kein Gewicht, diese Steigung hier kein Hindernis.
Ich gehe über Stege und Brücken.
Ich gehe auf breiten, von Rädern gerillten Pflastersteinen. Der Glanz der Jahrhunderte liegt auf ihnen, ich gehe auf einem Wegstück, auf dem schon römische Legionen gingen.

Und da vorne, da ist ein kleiner Pass, gleich sehe ich über die Kuppe hinweg, und dann wird die Welt wieder grösser sein, stündlich wächst sie unter meinen Füssen. Was auf der Landkarte in meinem Kopf eben noch ein weisses Feld konturloser Erwartungen war, wird sich zu Steinen und Sträuchern, zu Dörfern, zu Menschen festigen.
Ich gehe.
Schritt für Schritt gehe ich weiter.
Manchmal bin ich nur noch, was ich sehe.
Ich bin der fliehende Vogel, der ins Gras hauchende Wind, der unter meinen Schuhen wegkollernde Kieselstein.
Manchmal bin ich nur der Schmerz meiner Blasen.

Und ich gehe unter der Pelerine im peitschenden Regen. Mitten in ein schändliches Gewitter bin ich gelaufen. Eine völlig durchnässte Gestalt in der baumlosen Landschaft, die stundenweit keinen Schutz bietet. Und ich versuche mich zu erinnern, wie man sich zu verhalten hat, um im offenen Gelände nicht vom Blitz getroffen zu werden.

Ich gehe mitten durch einen frisch gepflügten Acker. Die Schollen sind riesig, die aufgebrochene, feuchte Erde klebt an meinen Schuhen, hält mich zurück, verschlingt meine Kraft.

Oder ich gehe unter der gleissenden Sonne, ich gehe durch den Backofen, der Spanien sein kann. Es ist Wahnsinn, in so eine Ebene hineinzulatschen. Dieser Weg! Nichts als eine sich in der Weite verlierende, ausgedörrte Grasnarbe, zwei Krähen lachen. Am Wegrand nur noch Disteln, sonst links und rechts Weizen. Flach wie Saskatchewan. Ich sehe den ganzen Tag keinen Menschen. Ich atme durch die Nase, mein Mund ist ausgetrocknet. Die Feldflasche ist leer. Ich habe mich verlaufen. Stundenlang kein Brunnen, kein Dorf, aber dort, sind das nicht Häuser? Endlich Wasser, Schatten, eine Kneipe! Und ist das nicht …? Aber was aussah wie eine wunderschöne, runde, rote Coca-Cola-Reklame, ist aus der Nähe ein verrostetes Strassenschild am Eingang eines gespensterhaft leeren Dorfes. Die meisten Lehmmauern sind bereits eingestürzt oder am Abbröckeln. Kaum Schatten ist zu finden, keine Katze zu sehen.

Zu oft, viel zu oft gehe ich auf der Hauptstrasse. Wenn ich auf der Strasse gehe, ist mein Kopf überall und nirgends. Ich muss mich vor den Autofahrern hüten. Keinen halben Meter weichen sie von ihrer Ideallinie ab. Sie nageln mich an die Leitplanken, sie lassen mich aufgeschreckt zur Seite springen, sie bespritzen mich mit Kot.

Wenn ich auf der Strasse gehe, gehe ich über Leichen: Igel, Maulwürfe, Vögel, Echsen, Raupen, Mäuse, Dachse, Katzen, Käfer, Frösche, Hasen, Hunde, Hühner. Alle tot. Ich zähle sie schon seit Tagen nicht mehr.
Wenn ich auf der Strasse gehe, bin ich nichts.

Durch ein Wirrwarr von Strassen stehle ich mich aus einer der viel zu schnell aus dem Boden gestampften Vorstädte. Anstelle von Gehsteigen unsäglicher Schutt, stinkender Müll. Ich gehe vorbei, werde angehupt, angeschrien. Ich spüre, wie ich in all der rasenden Hässlichkeit aggressiv, wie ich innerlich selbst asphalthart und zementgrau werde.

Gehen. Darum geht es.

Jetzt gehe ich über einen Pfad, der sich in der Ferne verliert, durch ein Feld voller Kerbel. Wie Sternkonstellationen kommen mir die Anordnungen der gelben Blüten vor. Störche fliegen auf, ziehen Schleifen.

Oder ich gehe mitten durch ein Weizenfeld. So weit ich sehe: Weizen.

Ich hebe im Gehen meinen linken Arm, fühle, wie die Ähren unter meiner Handfläche wegstreichen. Mein Weg ist ein Fuss breit gestampfte Erde mitten im wogenden Brot. Das Wandern ist des Müllers Lust. Jetzt sehe ich die Abdrücke der Hufe eines Pferdes. Da rechts erkenne ich die Umrisse einer romanischen Kapelle, dort, weit vorne, über dem Weizen, kommt die Spitze des Kirchturmes des nächsten Dorfes zum Vorschein.

Ich gehe wie ohne Gewicht, ausserhalb der Zeit.
Aber, wer heute für sich das Gehen entdeckt, hat deshalb noch lange nicht das Pulver erfunden.

★

Ein Pilger ist ...
Bin ich ein Pilger?
Was sagte der Herr zum armen Kain?
Ein Pilger ist ...

Hinter mir liegen das Hospiz und die Kirche von San Juan de Ortega in Kastilien. Sie wurden in den einst wilden, von Wegelagerern unsicher gemachten Bergen von Oca zum Schutz der Jakobspilger errichtet. Zogen Unwetter und Nebel auf, halfen die drei Glocken im Turm den Schafen des Herrn zurück auf den Weg.

Noch heute kümmert sich hier ein Priester um das Wohl der Vorbeiziehenden. Er heisst José María, hat auffallend grosse Ohren und ein herzliches Kichern. Wenn er an seinem Stumpen zieht, um den er Zigarettenblättchen wickelt, sieht er ganz unpriesterlich wie Lino Ventura aus.

Eine Knoblauchsuppe hat er gekocht. Die schmeckte vorzüglich. Und darüber, was ein Pilger ist, haben wir gestritten. Don José María liess weder esoterische noch politische oder gar grüne Motive gelten. Von einer möglichen Protestform der Jugend, die, aus ganz Europa kommend, auf dem Jakobsweg Luft holt und gleichzeitig gegen immer absurder werdende Reiseraserei angeht, wollte er schon gar nichts wissen. «Nein», wetterte er gutmütig: «Gehen mag für Körper und Geist sehr gesund sein, aber unser *camino,* so wird der Jakobsweg kurz genannt, unser *camino* ist kein Psychoseminar für den Sommerurlaub! Der echte Pilger, der glaubt! Und zwar an Gott!»

Aber jetzt, am Tag danach, habe ich es im Kreuz. Ich weiss nicht, ob es wegen des zu harten Lagers oder wegen der Nässe des gestrigen Gewitters ist.

Ich bin plötzlich ein Halbinvalider mit Blasen an untauglichen Füssen. Ich gehe nicht mehr, ich quäle mich unter meinem Rucksack voran, hänge an dessen Riemen, als wäre er ein Fallschirm. Ich bin ein Quasimodo, der sich nach Spanien verhumpelt hat, der kaum die Kraft besitzt, die Drähte in den Pforten der Viehzäune zurück über die Pflöcke zu spannen.

Was stolpere ich durch diese verlassene Hochebene?

Wozu? Was suche ich hier?

Keiner Kuh, keinem Kalb begegne ich.

Ich fluche.

Der schief gegangene Weg ist mir ein zweifelhaftes Ziel. Ich schwöre, schon im allernächsten Kaff mit diesem Unsinn Schluss zu machen. Was vertue ich hier meine Tage? Längst

nicht jeder, der nach Indien fährt, entdeckt Amerika. Was habe ich auf Spaniens versumpften Viehpfaden verloren, was gehen mich diese Ruinennester an? Ich pfeife auf ihre komische Kunst, ich pfeife auf ihre komische Geschichte. Hier bin ich doch nur ein wandelnder Gratiswerbespot für eine Kirche, mit der ich nichts, aber auch gar nichts am Hut habe.
Ein Pilger ist ...

Schon einmal wollte ich aussteigen. Tage zuvor, in der Gegend von La Rioja, kurz hinter Logroño. Der Weg führte wieder einmal der Hauptstrasse entlang. Es herrschte grauenhafter Verkehr. In jedem Kleinwagen sass ein Kamikaze, jeder Laster hatte eine Rauchfahne am Auspuff, als wäre er ein Ozeandampfer. Mir war, als ob ich gegen einen Strom anschwimmen müsste. Ich fuchtelte mit meinem Stock, warf den Gesichtern hinter den Lenkrädern hasserfüllte Blicke zu. Ich schritt böse aus, bis ich plötzlich, beim Eingang zu einem Friedhof am Strassenrand, vor eigenartigen Figuren stand.

In die Steinsäulen des Friedhofportals waren Pilger gehauen. Pilger, die mit leidenden Gesichtern mit sich selbst rangen. Sie zogen sich am eigenen Gewand durch den Regen, zerrten sich an den eigenen Haaren voran, sie kämpften mit dem Drachen, und – so schien mir – sie assen das Brot der Erkenntnis.

Über mich selbst lachend war ich weitergegangen.

Auch jetzt steige ich nicht aus. Schon gehe ich wieder lockerer. Wozu aussteigen? Das ganze Leben ist eine Pilgerfahrt. Und wie sprach der Herr zum armen Kain?

Man sagt, man könne sich aufmachen als Wanderer, als Sportler, Kunsthistoriker, als Abenteurer, Landstreicher oder Naturfreund, aber früher oder später werde jeder, der sich auf diesen Weg begebe, zum Pilger.

Man sagt, spätestens in Santiago de Compostela reihe sich jeder und jede unter den Gläubigen und den Heilsuchenden ein, betrete dann wie diese das eigentliche Ziel des Weges, die Kathedrale, durch das Westportal, und erweise dort in der Säulenhalle der Seligkeit dem Apostel Jakobus die Reverenz.
Ein Pilger ist ...
Als ich mich aufmachte, hatte mich beim Abschied ein Freund gefragt, wo ich denn meine Jakobsmuscheln hätte?
«Welche Jakobsmuscheln?»
«Die Muscheln, die sich alle Pilger, die nach Santiago gehen, um den Hals hängen.»
«Aber ich bin doch kein echter Pilger», hatte ich geantwortet.
«Hast du dir etwa auch keine Versprechen abgenommen? Hast du keine Wünsche, die in Erfüllung gehen sollen? Oder machst du armer Sünder gar eine Busswallfahrt?»
Ein Pilger ist ...
Längst schreite ich wieder leicht und zügig aus. Die Weidelandschaft ist mir ein Teppich. Schon sehe ich die nächsten beiden Dörfer. Wie von Hand sind die ockergelben Häuser um die Kirchen in die Gegend gestreut.
Was weiss ich denn?
Unstet und flüchtig sollst du sein auf Erden. Dies sprach der Herr bereits zum armen Kain. Es macht einfach Spass zu gehen. Ich gehe weiter, von Dorf zu Dorf, von Stadt zu Stadt, und ich freue mich über das Pilgerkreuz am Wegrand. Es weist mir die Richtung, erinnert mich an all die anderen Wanderer, die es durch die Jahrhunderte auch schon grüsste.

Der Weg ist alt, der Weg ist berühmt.
Zu seiner eigentlichen Blütezeit im Mittelalter wurde er von Millionen begangen, er liess Dörfer und Städte entstehen. Sei-

netwegen wurden Klöster gegründet und etliche der schönsten romanischen und gotischen Kirchen gebaut.

Im Mittelalter begegneten und vermischten sich auf dem Jakobsweg die Kulturen Europas, Pilger aus sämtlichen christlichen Gegenden kamen und sahen und nahmen und gaben und beteten.

Jeder Stein am Rand des Jakobsweges hat eine Geschichte aus jener Zeit zu erzählen.

Da waren Geschäftemacher wie der billige Jakob unterwegs. Es gab Taschendiebe, Wegelagerer, Hochstapler aller Art. Die *coquillards* (von französisch *coquille,* Muschel), die François Villon in einem Galgenvers verewigte, trieben ihr Unwesen mit den gutgläubigen Pilgern. Falsche Priester liessen beichtende Sünder zur Ader, ein ambulantes, leichtes Gewerbe fehlte nicht.

Wallfahrende Handwerker liessen manch ein Gesellenstück, aber auch etliche Meisterwerke zurück. Steinmetzen und Bildhauer unterbrachen ihre Reise oft jahrelang, um an den entstehenden Kirchen, Klöstern und Brücken zu Ehren des Apostels Hand anzulegen. Für die Freimaurer gehörte eine Pilgerreise nach Santiago de Compostela zu der religiösen und handwerklichen Ausbildung. Aus ihrem Kreis kamen mehrere, später dafür heiliggesprochene Wegbereiter, Pilgerfreunde und Brückenbauer.

Im Mittelalter war eine Wallfahrt auch ein gesellschaftlich akzeptables Schlupfloch aus der Enge des Alltags. Nicht wenigen dürfte die Pelerine (von französisch *pelerin,* Pilger) als Deckmantel für die Lust am Abenteuer oder für temporäres Aussteigen gedient haben.

Die ganz besondere Gruppe der Strafpilger kam noch dazu. Als kleinere oder mittlere Missetäter hatten sie von der

Obrigkeit die Wahl erhalten, anstatt in den Kerker nach Santiago de Compostela zu wandern. Zum Beweis, dass sie dies auch wirklich taten, führten sie eine Pilgerkarte auf sich, die sie unterwegs an offiziellen Stellen abstempeln liessen. Dass mit diesen Dokumenten Handel getrieben wurde, kann kaum überraschen. Wer es sich leisten konnte, kaufte sich eine, die bereits vollgestempelt war, und liess sich dann an einem geeigneten Ort für ein halbes Jahr nieder.

Überraschend ist vielleicht, dass es in Belgien die Pilgerschaft nach Santiago de Compostela als Alternativstrafe weiterhin gibt. Die mit Taschengeld und einem Zelt ausgerüsteten, zumeist jugendlichen Straftäter pflegen in kleinen Gruppen etwas abseits zu gehen. Heute werden sie von Sozialarbeitern begleitet.

Im Mittelalter erlebte er seine besten Jahre, aber der Weg der Wege wurde schon in vorchristlicher Zeit begangen. Er führte einfach unter der Milchstrasse dahin, immer Richtung Sonnenuntergang, bis zum Ende der Welt, bis nach Finisterre, bis zum Atlantik, der, am äussersten Ende des Festlandes, für die Kelten das Meer der Toten war.

Später hätten sich unter den Römern verfolgte Druiden mit ihrem verbotenen Wissen in diesen fernen, unzugänglichen Winkel von Spanien abgesetzt. Der Weg sei deshalb zu einer Initiationsroute geworden. Wer ihn beging, der suchte geheimes Wissen, innere Perfektion und Erleuchtung. Dies behaupten zumindest die Esoteriker von heute.

Bekannt und berühmt sind allerdings die *meigas* von Galicien. Eine *meiga* ist eine Art Hexe, vielleicht eine Nachfahrin der keltischen Druiden. In manch einem Dorf verfügt sie weiterhin über ebensoviel Autorität wie ein Priester oder ein Arzt.

Einer gewissen geheimnisvollen Dimension dieses Weges vermag sich aber auch der ganz gewöhnliche Pilger nicht zu entziehen. Ist es die wechselhafte, ja launische Landschaft? Bald droht sie unergründlich, dann beflügelt sie mit ihrer übernatürlichen Exotik die Einbildungskraft. Unzählige Symbole wollen erkannt und gedeutet sein, allerlei Zeichen am Wegrand beunruhigen die Sinne. Auf einmal scheinen Bäume etwas sagen zu wollen, und ein schwarzer Vogel ist nicht mehr einfach ein Vogel.

Die christliche Kirche entdeckte den magischen Weg im neunten Jahrhundert. Ähnlich wie sie es mit anderen heidnischen Institutionen tat, wusste sie ihn für ihre Zwecke zu adoptieren.

Das Christentum war damals in Bedrängnis geraten. Seine Südwestflanke, die Iberische Halbinsel, stand zum grösseren Teil unter der Herrschaft der Mauren. Nur das heutige Galicien, das wie das Baskenland weder völlig christianisiert noch sehr zivilisiert war, interessierte die islamischen Eroberer wenig. Es war eine wilde, unnütze Gegend, die man sich ruhig ein bisschen wie das isolierte Dorf von Asterix und Obelix vorstellen darf.

Aber dahin galt es nun die Aufmerksamkeit der Christen zu lenken, dahin mussten Glaube und Kraft für die Rückeroberung der verlorenen Gebiete kanalisiert werden. Der Kanal bestand, allein es fehlte das christlich lockende Ziel.

Nichts weniger als ein Apostel wurde, o Wunder!, in einer nicht nachvollziehbar reliquienverrückten Zeit ausgegraben. Der besagte Apostel war seinen historisch erfassten Märtyrertod zwar ungefähr am entgegengesetzten Ende der damaligen Welt gestorben, aber das entdeckte Grab hätte kirchenstrategisch kaum günstiger liegen können.

Die Lücken in den Fakten wurden mit Wundern überbrückt, die Legende wurde mit der Wirklichkeit verwoben und zurechtgebogen, der Papst winkte mit Sündenerlass für alle, die durch das gefährliche Gebiet zu dem Apostel pilgerten, und der Jakobskult ward geboren. Mit ein paar zusätzlichen, über den Weg verstreuten Reliquien wurde nachgeholfen, bis sie kamen, immer zahlreicher, zu der Grabstätte, von der man weiss, wenn man es wissen will, dass sie die des Apostels nicht ist.

Zeitweise habe Santiago de Compostela als Wallfahrtsort Jerusalem und sogar Rom überflügelt. Allen voran sei schon Karl der Grosse geritten. Seine Sünden habe er auf eine Pergamentrolle geschrieben, die er bei seiner Ankunft an der heiligen Grabstätte auf den Altar gelegt habe, um heftig und reuig in die freien Hände schluchzen zu können. Als er später sein Pergament wieder aufgerollt habe, seien die Buchstaben verschwunden, somit seine Sünden getilgt gewesen.

Der Wunder war fortan kein Ende mehr. Der Apostel öffnete Türen und Herzen, heilte und linderte und griff immer häufiger entscheidend in den Kampf gegen die Muselmanen, in die Rückeroberung der Iberischen Halbinsel ein.

Wo immer Not am Manne war, tauchte er plötzlich auf, mit gezücktem Schwert und hoch zu Ross. Santiago Matamoros – der Mohrentöter – hiess er jetzt. Sein Name war zum Schlachtruf der Christen geworden, und die ihn umrankenden Legenden wucherten ungezählt.

★

Ich gehe durch Kastilien.

Ich habe den Wind im Gesicht, Weizengeruch in der Nase. Es ist spät nachmittags. Ich komme gut voran. Kastilien ist anders, Kastilien ist schön.

Eben habe ich in dem kleinen Städtchen Fromista die St. Martinskirche besucht. Sie ist ein Juwel romanischer Baukunst, einer der architektonischen Höhepunkte des Jakobsweges. Eine wunderschöne kleine Kirche. Mit sämtlichen romanischen Vorzügen. Dreimal bin ich um sie herumgegangen, dann ging ich weiter.

Bis Villalcázar de Sirga will ich heute noch gehen. Die Karte in meinem Pilgerführer verspricht einen kleinen, historischen Ort. Einen Laden und eine Taverne soll es dort geben. Auch ein *refugio*, eine jener von der Kirche oder den Gemeinden dem Jakobsweg entlang zur Verfügung gestellten Unterkunftsmöglichkeiten.

Aufgebrochen bin ich im Morgengrauen in Castrojeriz, in der Provinz von Burgos. Die ersten vier oder fünf Wegstunden ging ich mit dem Franzosen Godefroy V.

Wir gingen hintereinander, wir gingen nebeneinander. Wir redeten, und wir schwiegen.

Bald sechzig, ist Godefroy sehr rüstig. Vor zwei Monaten hat er in seinem Wohnort in der Nähe von Lyon den Rucksack gepackt, die Jakobsmuscheln umgehängt und den Pilgerhut genommen. Er erzählte von den Schwierigkeiten mit dem Strassenverkehr, mit der Polizei. Anders als in Spanien, ist der Jakobsweg in Frankreich kaum mehr eine bekannte Institution.

Wer zu Fuss geht, ist verdächtig.

Wie bei andern Pilgern, mit denen ich gegangen bin, erfuhr ich viel über Godefroy, er wohl viel über mich. Im stundenlangen Gehen ergeben sich entweder echte Gespräche oder nichts.

Als Godefroy am Wegrand auf einem Spirituskocher sein Mittagsmahl zu kochen begann, war ich weder müde noch hungrig, und ging, meinen Rhythmus haltend, weiter.

Jetzt gehe ich einer Bewässerungsanlage entlang. An einem Baum ist ein gelber Pfeil. Der Weg zweigt ab. Seit zwei Wochen folge ich diesen gelben Pfeilen. Wenn ich sie übersehe, bin ich auf meinen Pilgerführer angewiesen. Oder ich muss, wenn jemand in der Nähe ist, meinen Weg erfragen.

Da vorne sind Häuser. Población de Campos heisst der Ort.

Im Schatten einer Pappelallee sitzt ein Dutzend alter Männer in Reih und Glied auf einer Mauer. Sie halten abgearbeitete Hände auf dem Stock zwischen schwach gewordenen Beinen.
Sie gucken, grüssen, ich grüsse zurück.
«A Santiago?» fragt einer.
«A Santiago», antworte ich.

In der Dorfschenke bestelle ich einen Kaffee und ein Glas Wasser. Die Bedienung lächelt. Auch sie fragt, ob ich nach Santiago will. Sie lässt mich nicht bezahlen.

«Ich lade dich ein, armer Pilger. Bis Santiago sind es noch 390 Kilometer!»

Ich bedanke mich und freue mich, denn ich befinde mich ziemlich genau in der Mitte meines Weges.

Durch ein lichtes Wäldchen gehe ich aus dem Dorf hinaus. Schafe weiden im hohen Gras. In eine braune Decke gehüllt, lehnt der Schäfer an einem Baum. Er hebt eine knorrige Hand zum Gruss.

Ich gehe weiter durch die uferlose kastilische Ebene. Sie ist kaum zu beschreiben. Imposant ist vielleicht das Wort.
Mein Gehen hat sich längst selbständig gemacht.
Es geht.

Im klaren Abendlicht kommt Villalcázar de Sirga zum Vorschein. Eine gigantische, im 13. Jahrhundert von den Tempelrittern auch als Burg konzipierte Kirche überragt das kleine

Dorf. Als duckten sie sich vor Wind und Sonne, sind die Häuser flach und niedrig.

Über einen der geraden, sternförmig um die Kirche angelegten Wege komme ich aus der Ebene ins Dorf. An wuchtigen Stalltüren in Mauern aus Strohziegeln gehe ich vorbei. Schmiedeeiserne Beschläge zieren das geschnitzte Holz. Ein Bauer rattert auf einem Traktor heran und grüsst. Auf einem Kamin nisten Störche.

Die hoch aufragende gotische Kirche wirkt beschädigt, teilweise eingestürzt, die Säulen im Portal stehen schief, aus Fugen und Ritzen wächst Gras, aber eine schönere, eine menschlichere Kirche habe ich noch nie betreten.

Ihr gegenüber am Dorfplatz befindet sich in einem Steinhaus mit einem Vordach auf Holzpfeilern die renovierte Pilgertaverne. Neben der Rundbogentür hängt eine Glocke, zwei schwere Essgabeln rosten an der Wand.

Bevor ich eintrete, werfe ich noch einmal einen Blick zwischen den Häusern hindurch auf die in der Abendsonne leuchtenden Kornfelder. Der Blick ist nachhaltig wie der erste Blick aufs Meer.

Auf einem der Eichentische in der Taverne steht ein Krug mit Wein, ein Korb mit Brot. Ich esse mit einem Holzlöffel die dampfende Suppe aus einer Tonschale, höre gleichzeitig stampfende Schritte unter dem kleinen Vordach. Ich höre ruhige Stimmen müder Wanderer.

Auch sie werden essen, dann werden sie sich um die Blasen und um die Druckstellen an ihren Füssen kümmern. Sie werden tief schlafen, und morgen werden sie weitergehen.
Sehr anders wird es nie gewesen sein.

Gehen.

Wir haben Brot und Käse eingekauft. Dazu eine Büchse Sardinen. Ich gehe mit einem Weggenossen.

«A Santiago?»

An dem Dorfbrunnen, wo wir trinken, weist uns eine bejahrte Frau zahnlos lächelnd die Richtung.

Der Weg beginnt zu steigen, kurvt ein enges Tal hinauf. Aber es geht leicht über diese durch die Jahrhunderte von Pilgerstiefeln abgewetzten Steinplatten.

Kinderjauchzen kommt von einem Waldrand herüber. Eine Bauernfamilie wendet vielköpfig das Heu am steilen Hang. Grün, sehr unspanisch grün, ist die Landschaft geworden. Ich höre meinen Stock, hinter mir denjenigen meines Gefährten, weiter unten das Sprudeln einer Quelle.

Ein Vogel hockt sich noch schnell vor uns auf den hohlen Weg, um gleich über einen blühenden Ginsterbusch hinweg zu verschwinden. Im Unterholz raschelt die geflüchtete Echse.

Und dort zeigt sich ein Strohdach. Runde Steinhäuser. Das müssen die keltischen *pallozas* sein. Ein Hund kommt angekläfft. Er lässt sich vom schlaff ausgestreckten Arm beruhigen, kommt herbei, leckt meine Hand. Am nahen Horizont steht vor dem blauen Himmel ein weisses Pferd, schwarmweise flattern Schmetterlinge daher.

Der Schimmel hebt den Schweif.

Auf der anderen Seite dieser Passhöhe, wir wissen es: Galizien! Ob man den Atlantik sieht? Und noch rund eine Woche bis Santiago!

«Mystisch», sage ich.

Dieser Weg ist einfach mystisch.

Aber was heisst schon mystisch, wenn nicht, so zu tun, als gäbe es mehr zu sagen, als man sagen kann.

(März 1989)

# Denn das schöne blaue Meer macht manches wieder gut
*Ein Besuch in der Ferienfabrik Benidorm*

*Bodenschätze/Rohstoffe*
Die Ferienfabrik Benidorm macht jährlich drei bis vier Millionen Menschen ein bisschen schön, ein bisschen jung, ein bisschen glücklich, ein bisschen frei.

Als fabrikeigene Werbeträger schickt sie sie dann – sie, die alle aus der Kälte kamen – glühend wieder nach Hause, wo sie noch ein paar Wochen lang aussehen werden wie die Jugend, die die Mode macht, wie das Glück, das das Jahr hindurch aus den Medien lacht.

Aus ganz Europa kommen sie angechartert, sie kommen im Super-Ferienexpress, sie kommen auf eigenen Rädern über 2000 Kilometer Autobahn angereist, sie schleppen Taschen und Koffer in Riesenhotels, sie siedeln kurz um in Appartement-Hochhäuser, machen sich kurz heimisch im 26. Stock, und sie lassen sich so schnell als möglich aufschlucken von der Karawane, die sich jeden Morgen aus allen Ecken der Stadt heraus, an Souvenir-, Krimskrams- und Badezeugläden vorbei, auf den Strand zubewegt, denn das schöne blaue Meer, das macht manches wieder gut, und was übrig bleibt, das wäscht die heisse Sonne weiss.

«Aber Madame! Schutzfaktor 4, das ist für leicht vorgebräunte Haut. Sie mit Ihrem hellen Teint, Sie brauchen mindestens Lichtschutzfaktor 6. Und haben Sie denn überhaupt einen Pre-Tanner benützt? Also ich, ich benütze schon zwei Tage vor dem ersten Sonnenbad den Golden Pre-Tan Accelerator von Estée Lauder. Der enthält Biotan.»

Zwei Frauen reden im Sand. Die eine, schon zum vierten Mal aus der Normandie hierher angereist, kommt mit ihrer Kosmetik gegen den Kosmos nicht an. Ihre zarte Haut wird trotz dick aufgetragener Sonnenmilch rot und röter. Ihr Mann sorgt sich, ebenso ihr Junge, der seinerseits unter einem Strohhut schmachtet. Hier bahnen sich unweigerlich Schmerzen an. Zu schnell will diese Frau dem Musterprodukt der Fabrik, das von tausend Plakatwänden strahlt, entsprechen.

Vielsprachig werden jetzt die mit verbrannten Badegästen überfüllten Wartezimmer der überforderten Ärzte erwähnt. Ein Mann weiss gar von einer jungen Engländerin, die sich Blasen wie Pestbeulen habe auf die Schultern brennen lassen und mehrere Nächte mit hochgebundenen Armen in einem Stuhl habe verbringen müssen. «Und gerade die Haut am Busen ...»

Die Warnungen nützen nichts. Wie selbstverständlich verlangt die angebetete Sonne ein weiteres Opfer. Diese fürchterliche, schändlich durch die halbe Welt brandschatzende Sonne, männlich in den südlichen Sprachen, ihr gibt man sich hin.

Alles bekannte Szenen, alle so oft karikiert, und doch ist da das munter über den Sand heraufschlagende Meer, darüber dieses einfach tolle Licht und auch eine kühl daherstreichelnde Brise. Man liegt und liest, man ölt sich gegenseitig ein. Eis und kaltes Bier werden ausgerufen. Man räkelt sich, schmort und döst, ein Mädchen mit Walkman kaut bäuchlings Gummi und wippt mit schönen Füssen in der Luft. Man unterhält sich mehrsprachig über die sich in der Endphase befindende Fussball-WM, und da, wo es mit Worten über die

Sonne nicht geht, tauscht man Zigaretten, ein Lächeln, einen Kuss auf die Wangen der Kinder.

Hier in diesem erhitzten Gewühl taut der letzte Muffel plötzlich auf, keiner fürchtet die Hautnähe des Nachbarn. Er sucht sie sogar. Jeder könnte, ausgestreckt, wie er auf seinen Tüchern und Matten liegt, leicht ein halbes Dutzend andere Menschen berühren. Man röstet im Verbund, saugt sich voll mit den Farben des Meeres, tankt Hitze und lässt sich bestrahlen. Vergebens warnen Dermatologen und andere Spezialisten. Lieber mit vierzig verschrumpelte Haut als das ganze Jahr hindurch gefroren.

*Das Areal*
Von einem Sonnenschirm geschützt sitzt hier einzig eine Dame aus Madrid. Sie wedelt mit einem Fächer und streckt ab und zu ein Bein aus dem Schatten hervor, lächelt und zieht ihren Frotteerock über die Krampfadern hoch. Ein Baby tapst und schmatzt, zwei Jungen, die die Dame beaufsichtigt, sind mit Laster und Kranwagen aus Plastik versorgt. Im Urlaub baggern die Kinder. Sie spielen mit dem Sand, der jetzt am frühen Nachmittag schon nicht mehr ganz frei von Zigarettenstummeln, Kaugummipapieren und Walkman-Batterien durch ihre Hände rieselt. Dies wird sich aber bald wieder ändern. 1,5 Millionen Franken lässt sich Benidorm die 50 Mann starke Strandbrigade jährlich kosten, die jede Nacht auszieht, um ihn mit Spezialmaschinen zu säubern, zu streicheln, zu hätscheln, jenen Sand am Meer, der für die Ferienfabrik absolut heilig ist.

Der Sand ist das Ei, aus dem nach offizieller Version das goldene Huhn des Tourismus schlüpfte. Er häuft sich an einem rund sechs Kilometer langen Strand vor einer in tiefblauen Wechseltönen leuchtenden Bucht. Auf den drei weiteren Seiten wird das Areal der Ferienfabrik von karg-schroffem Küstengebirge, wie man es aus Italo-Western kennt, gegen Welt und Wetter abgeschirmt: stolz geniesst die Fabrik ihr eigenes, sonnig-trockenes Mikroklima.

Dem Strand entlang kombinieren sich in den eigentlichen Gebäulichkeiten der Fabrik Unternehmergeist und modernes Ingenieurdenken klotzig-protzig nach bekannter Manier. Hochaufgeschossene Appartementhäuser und Hotels rangeln um die bessere Aussicht. Bis in den Himmel ist der Raum durchkonstruiert und rationalisiert. Eine Stadt nach amerikanischem Muster. «Aber», wird im fabrikeigenen Presse- und Public-Relations-Büro behauptet, «nach strengem, weitsichtigem Plan.» Das Volumen eines Gebäudes, egal ob hoch oder breit, müsse im Verhältnis zur Fläche seines Grundstückes stehen. Nur deshalb habe man von überall einen herrlichen Ausblick auf das Meer, und nur deshalb sei das Areal so wunderbar grün, was jeder selbst sehen könne, wenn er in einem Flugzeug darüber fliege.

*Auf dem Band*
Wer aus den Alltagsarbeitslumpen schlüpft und auf das Erholungsband von Benidorm liegt, um sich seinen Urlaub montieren zu lassen, der findet im Areal preisgünstige Unterkunft. Jeder, der nicht allzu anspruchsvoll, möglichst schwindelfrei, im Idealfall sogar gehörgeschädigt ist, kann hier nicht nur billiger schlafen als zu Hause, sondern unter Umständen genauso gut.

Angebote locken. Zum Beispiel mit Bus ab St. Gallen, Zürich, Olten oder Bern zwei Wochen mit Halbpension ab 650 Franken. 44 Millionen Übernachtungen wurden 1984 gebucht. Damals standen 116 Hotels im Areal.

Längst wäre man sicher auch schon der Versuchung erlegen, einfach einen einzigen, billig zu wartenden Betonklotz zu bauen, wäre da nicht ein weit verbreitetes Bedürfnis, das untrennbar zu jedem Urlaub zu gehören scheint. Verschiedene, auseinanderstehende Gebäude muss es geben, damit zwischen ihnen flaniert, gebummelt, geshoppt, spaziert werden kann. Eine Art moderner Müssiggang, der in Benidorm vorwiegend auf der vierspurigen Avenida del Mediterráneo zelebriert wird.

Da knattern die Miet-Kawasakis zwischen Kleinwagenschlangen hindurch, da hupen die Taxen und Busse um die Wette, da erspäht eine Familie, die auch aus Winterthur stammen könnte, immer wieder ein Nummernschild aus der Heimat im pulsierenden Verkehr, da geht die kurz behoste Mutti auch hier am liebsten in der bräunenden Sonne, während die beiden blonden Mädchen mit den sich schälenden Schultern Schatten und einen Eisstand suchen. Natürlich darf Hündchen auch mit, es pudelt voraus, und Papi geht jetzt mal ohne Hemd, knallrot leuchtet der Urlaubsbauch, aber ist da eigentlich noch Sonnenöl für morgen? Und Mutti! Hast du gesehen, schon wieder ein Schweizer! Und einer aus dem Jura! Aber oh, jetzt haben wir doch Oma noch immer keine Postkarte geschrieben. Schau, hier gibt es ... aber das Hündchen zieht an der Leine, die Mädchen wollen endlich ihr Eis, jetzt auch noch einen Hut, bedruckt mit BENIDORM, und habt ihr gesehen, diese süssen Strandsandalen? Und wo essen wir denn heute?

So schlendert man von der Wechselstube zur Crêperie, vorbei an Wurstbuden, Burgerjoints und Eisständen, vorbei an Saft- und Zeitungsläden, vorbei an diesen tausend Mini-Shops, aus denen allen die gängige Popmusik klingt, aus denen allen eine vertraute Welt mit ihren Symbolen winkt.

Aber das Mädchen, das hinter der Maschine steht, die den ganzen Tag Saft aus Orangen in Plastikbecher presst – es zeigt lachend seine weissen Zähne; über die Eistheke hinweg wird in alle Richtungen geflirtet; in der Pizzeria an der Ecke steht der Kellner mit Block und Bleistift geduldig an einem Tisch, an dem sich offenbar keiner entscheiden kann. In den Bars werden die Drinks grosszügig eingeschenkt, die Barkeeper lieben es, zu gefallen. Ach, sind hier die Leute freundlich! Man hört es immer wieder, dieses Lob an die Belegschaft der Ferienfabrik.

Die marokkanischen Zimmermädchen, die als Nachtportiers jobbenden Studenten, die schuhputzenden Zigeunerjungs aus Andalusien, deren Väter man in den Küchen lachen sieht – sie sind alle gut aufgelegt, strahlen den Urlaubern etwas vor, imitieren hier den Gang einer luftig berockten Matrone, zeigen sich dort amüsiert über die Welt des Nordens, die hier so ernsthaft die Sonne vergötternd ihre Dienste geniesst.

In Zahlen lassen sie sich schwer erfassen. 20 000 oder 30 000? Tausende sollen illegal hier arbeiten, saisonmässig die meisten – «im Winter gehen wir fischen und spazieren», sagt ein Hotelangestellter, aber glücklicher als ihre Gäste sehen sie nicht selten aus.

*Hunger*
Die Kellner servieren unter anderem jenes vielgerühmte Menu in drei Gängen mit Wein für wenig Geld. Hunger braucht hier niemand zu leiden. Schon gar nicht wegen Sprachschwierigkeiten. Der Zeigefinger genügt: Etliche der 160 Restaurants preisen ihre Speisen auf Polaroidshots oder auf grossformatigen Farbbildern an. Auch sonst wird dem

Publikum phantasievoll entgegengekommen. Wer hat noch nie mit dem Bauch im Wasser eines Swimmingpools gefuttert? Oder wie wäre es mit einem echt mexikanischen Mahl, von posaunenden Mariachi begleitet? Oder möchten Sie tafeln mit einer Papierkrone auf dem Kopf, während zwei Ritter zu Fuss und zu Pferd mit gekreuzten Pappsäbeln im lebhaften Turnier am Tisch vorbeikämpfen? Es geht aber auch echt skandinavisch, englisch, holländisch, deutsch, chinesisch, belgisch. Oder einfach schweizerisch.

*Chalet Suisse*
In der schweizerischen Heimatecke auf dem Erholungsband verspricht die Speisekarte viersprachig Original-Käsefondue für zehn Franken. Für zwanzig Franken gibt es Rindsfilet mit fünf Saucen.

Zwei Paare um die fünfzig erzählen einander gerade ausführlich, als hätten sie seit Tagen keine Gelegenheit zum Reden gehabt, wie sie in diesem Dickicht von Kneipen das «Chalet Suisse» ausfindig gemacht haben. «Ich hätte ja gar nicht gedacht, dass es hier so etwas gibt», sagt eine Frau zu der anderen, während sich die beiden Männer fast die Köpfe ausrenken: Mit einem Gemisch aus Staunen und Missbilligung verfolgen ihre Blicke zwei «verrückte Hühner», die üppig unbekleidet quer über die Strasse in die Nacht aufbrechen.

An einem anderen Tisch erklärt eine Dame aus Deutschland dem Kellner auf italienisch, dass sie aus Offenburg stamme.

«Offenburg?» Schulterheben. Der Kellner versteht weder italienisch noch Offenburg.

«Also hier ist Freiburg.» Die Dame markiert es mit der Ernte-23-Schachtel. «Und hier ist Offenburg.»

Der Kellner kennt auch Freiburg nicht. Das Gesicht der Dame verfinstert sich schon, als hegte sie plötzlich Zweifel an der Ehrbarkeit dieses Lokals. Ihre jetzt auf den Tisch pochende Hand entfernt sich noch weiter von der Zigarettenschachtel.

«Stuttgart, Stuttgart», sagt sie insistierend, dann fast verzweifelt mehrmals: «München! Monaco!» Schliesslich bestellt sie mehr Wein, und lächelnd entfernt sich der Kellner.

Auch Herr und Frau B. aus dem Oberaargau essen heute abend hier. Sie logieren in einem nicht allzu schalldichten Appartement, und Benidorm haben sie sich eigentlich kleiner vorgestellt, viel kleiner, aber sonst, das Wetter und der Strand: «Alles tip top!» Und das «Beizli» hier, das sie jeden Abend mit dem Taxi aufsuchen, gefällt ihnen besonders gut. Nächstes Jahr wollen sie wieder kommen.

Das Ehepaar K. aus Zürich dagegen wohnt in einem Zweisternhotel, wo sie mit Frühstück 1190 Franken pro Person für 21 Tage bezahlen. Von der als Erlebnis angekündigten Fahrt im Luxus-Bus waren sie aber enttäuscht. Zwanzig Stunden unterwegs! Und der Chauffeur habe nichts zu erzählen gewusst. Hier hätten sie dann erst gedacht, «diese Hochhäuser», aber jetzt gingen sie «vill go laufe». Auch ihnen gefällt es gut. Hier sei schon etwas los. In Griechenland, wo sie den letzten Urlaub verbracht hätten, habe es halt nur zwei Hotels gegeben. Nur eins beklagt Herr K.: Er könne sich nicht vorstellen, was er hier denn abfotografieren sollte. Da gebe es so eine mit Mosaiksteinen ausgelegte Treppe, die von einem Felsen zum Meer hinunterführe, aber sonst ...

An einem weiteren Tisch ereifert sich die gemischte Runde. «Also letztes Jahr auf Sizilien ... aber wir auf den

Bahamas ... und überhaupt ist Kenia nicht so schlimm wie ... und erst Rimini!»

«Aber Sie, in Tunesien ... und mein Mann damals in Agadir! Und in Portugal! Da ist Jugoslawien also wirklich viel ... ja, ja, in Lloret del Mar war das auch wie auf Kreta ... und wenn Algerien nicht, denn Guadeloupe ist halt schon sehr weit ... und die Kinder? Da haben wir gesagt ... klar, warum nicht Benidorm?»

*Firmengeheimnis*
«Hombre! Die Leute wollen unterhalten sein. Hier vergnügt man sich vorzüglich. Wir haben 62 Diskotheken im Angebot. Das Spielkasino ist vier Kilometer, der Golfplatz fünf und der Vergnügungspark nur drei Kilometer entfernt. Und Rumänien, das einzige Ferienland Europas, das mit unseren Preisen konkurrieren kann, ist nun doch sehr langweilig!» Nein, Miguel Alberto Martinez Monge, Direktor der Presse- und Public-Relations-Abteilung, die im Rathaus von Benidorm ein ganzes Stockwerk einnimmt, will nichts von einem Geheimnis wissen. «Die Leute kommen wegen Sonne, Meer und Strand. In den Sommermonaten bis zu 250 000 alle vierzehn Tage, aber mehr als 500 000 auf einmal werden es auch im Jahr 2000 nicht sein.»

Eine Angestellte in der gleichen Abteilung: «Geheimnis? Hier darf jeder machen, was er will.»

«Hast du das Kreuz da oben auf dem Berg am einen Ende der Bucht schon gesehen? Dort musst du mal hinauffahren und runtergucken. Dann siehst du es selbst: Der absolut schönste Ausblick! Wenn du das gesehen hast, kannst du Rio gleich vergessen. Dieser Strand, das ist der Wahnsinn. Und nachts diese Lichter. New York ist ein Dreck dagegen. Und du, wenn du hier verrecken willst, musst du noch mit neunzig im Rathaus ein Gesuch stellen, denn das Klima ist einfach zu gut, um abzukratzen. Ich meine, hier hockst du im Februar noch spät abends draussen im kurzärmligen Hemd vor deinem Bier. Ohne Pullover! Wohlverstanden, ohne Pullover! Das musst du einfach sehen. Du, wir haben über 300 Sonnentage im Jahr!» So antwortet Hansruedi Kreienbühl, lebensfreudiger und weitgereister Exil-Wirt im «Chalet Suisse» auf die Frage nach dem Geheimnis der Branchenrekorde brechenden Ferienfabrik Benidorm.

*Nix Spanien*
Kreienbühl erwähnt Rio und New York. Zwei Namen, zwei Symbole. Nord und Süd. Schwarz und weiss. Zwei sich ergänzende Träume, die in Benidorm allgegenwärtig sind. Tropical, Amazonas, Copacabana oder Ipanema heissen Lokale und Diskotheken, die mit der Sehnsucht nach dem Süden spielen: Vanity, Star Garden oder Number One heissen jene Lokale, welche die Identifikation mit amerikanischen Werten suggerieren.

Erfolgreich, «in», im Zentrum der Welt, darf sich jeder fühlen, der im Star Garden unter freiem Himmel, direkt neben einem zwölf Meter hohen Chrysler Building aus Polyester auf einer kleinen Imitations-Brooklynbridge zu Madonna tanzt.

Rio und New York. Braune Haut und heisser Tanz, cool looks und das grosse Geld. Rio und New York, irgendwo dazwischen haben die kühnen Strategen der Boomindustrie «Urlaub» ein neues Land entdeckt. Ein künstliches Niemandsland, bestehend aus Hunderten über die Welt verstreuter Enklaven, ein durchkommerzialisiertes und geschichtsloses Territorium, zu dem auch Benidorm gehört.

*Touriland*

«...und das Auge kann sich nicht sattsehen an der unendlichen Bläue des glasklaren Wassers. Im nahegelegenen Fischerdorf finden sich eine Reitschule, Diskotheken und viele Souvenirläden.» Dieser Werbetext bezieht sich zwar auf ein Hotel auf Mallorca, doch innerhalb des Niemandslandes des modernen Massentourismus sind die Orte austauschbar. Bezeichnend ist die einen Wandel signalisierende Ausblendung der Idylle.

Noch wird das Urlaubsdorf im Prospekt ein Fischerdorf genannt, und noch montiert man auf Postkarten von Benidorm ab und zu einen Esel oder ein bisschen südländischen Waldwuchs vor die Hochhäuser. Im Einklang mit dem aus Schnaps- und Zigarettenreklamen bekannten Paradies wird weiter mit Palmen und Strand geworben. Aber in Anbetracht einer langsam unter Überbauungen verschwindenden Küstenlandschaft, verunsichert durch ein unter der Umweltbelastung zunehmend launischer werdendes Mittelmeer, setzt das Kapital langfristig auf kontrollierbarere Werte.

Als erstes werden mögliche Reibungsflächen tunlichst eliminiert. Die fabrikeigene Kultur ist so inexistent wie beweglich, ein internationales Gemisch aus leeren Grössen: für jeden etwas, für jeden nichts. Da, wo angeeckt wird, fehlt schon am nächsten Tag der Haken. Wer sich in die Ferienfabrik begibt, braucht sich vor nichts Fremdem zu fürchten. In seine Erholungssuppe werden nur den Magen schonende, ihm bereits bekannte Zutaten gerührt. Endlich ist er erlöst von der anstrengenden Pflicht, in einem fremden Ort Gast zu sein und sich als solcher zu benehmen. Jetzt ist er auch im Urlaub «zu Hause», hat hier in der Fabrik sein «Beizli» und seinen «Pub», er ist nicht mehr gezwungen, komische Kirchen zu fotografieren und irgendwelchen ausgetrockneten Römerbrunnen nachzurennen, um seine Flucht aus der Kälte zu legitimieren. Und wenn Herr K. aus Zürich unbedingt fotografieren will, wird er schon lernen, den Werbeprofis nachzueifern, und er wird so die Skyline von Benidorm bald genug für abbildungswürdiger halten als den Eiffelturm. Die Postkarten machen es schon lange genug vor.

*Herr Meier*
«Wie? Sie haben noch Bedenken? Nein, nein, die Region braucht Sie nicht zu kümmern. Auch wenn jetzt Dürre herrscht, sollen Sie in Ihrem wohlverdienten Urlaub das vielgepriesene Mikro-Klima geniessen und sich über die sengende Sonne freuen. Duschen Sie ruhig. Sieben Millionen Kubikmeter Wasser wurden in diesem Frühjahr vorsorglich gespeichert. Sicher, sicher, dieses Wasser fehlt jetzt der Landwirtschaft, der Boden ist arg trocken, und leider geht der Buschwald immer häufiger in Feuer auf, aber lassen Sie sich bloss nicht beirren, oder haben Sie etwa nicht bezahlt?»

*Wirklichkeit*
Wer aber im Urlaub das Camel-Risiko und den Baccardi-Nervenkitzel sucht, der findet im fabrikeigenen Rummelplatz «Europapark» das dosierbare Abenteuer.

Der ehemals gefürchtete Verkehrsunfall im «unzivilisierten» Ausland ist hier für wenig Geld mit den Putschautos vielfach reproduzierbar, und die einst schwitzend durchwachte griechische oder algerische Nacht in jenem von Kakerlaken und Mäusen infizierten einzigen Fremdenzimmer des Dorfes, wo es noch nicht einmal elektrisches Licht gab, darf gefühlsmässig auf der Geisterbahn noch einmal inszeniert werden.

Persönliche Siege und Niederlagen, die zu Feiern Anlass

geben oder zumindest zu unterhaltenden Gesprächen führen, bieten die zahlreichen Spielsalons. Mini-Monte-Carlo, in dem es für wenig Geld wenig zu verlieren gibt. Vierzig Prozent der Beute spucken die Automaten bestimmt wieder aus.

Ganz andere Kicks gibt es für die unentwegten Wasserratten. Sie brauchen sich nicht länger den heimtückisch unregelmässigen Wellen des Meeres auszusetzen» brauchen sich ihre Augen vom Salz nicht mehr hässlich entzünden zu lassen. Weder die unsichtbaren Steine auf dem Grund, die so an den Füssen schmerzen, noch die angeschwemmten sichtbaren Unreinheiten am Strand sind in der Ferienfabrik auch nur die kleinste Aufregung wert, denn in «Aqualand», in «der Welt grösstem Wasservergnügungspark», gibt es die verrücktesten Süsswasser-Kamikaze-Rutschbahnen. Über hundert Meter weit wird hier im Zick-Zack in die Tiefe gesaust. «Aqualand» bietet auch die schönsten Beton-Lagunen, phantastische Mini-Niagarafälle, Stromschnellen für die ganz Mutigen und, nur fünf Minuten vom Meer, ein zum Surfen geeignetes Wellenbad.

*Frei sein*
«Urlaub! Urlaub! Ich kann keinen Urlaub machen!» behauptet ausserhalb der Ferienfabrik ein Bauer an der Theke einer Lastwagenfahrerbar. Vielleicht kann er nicht, vielleicht will er nicht, vielleicht muss er nicht.

Hans S. aus Kreuzlingen dagegen muss Urlaub machen. Ihm fehle halt der Zyklus der Jahreszeiten mit seinen wechselnden Rhythmen. Er komme sich volle 48 Wochen lang vor wie auf der Zielgeraden nach einem 10 000-Meter-Lauf. Unaufhaltsam, verbissen, mit verschlossenen Augen renne er auf das weisse Band zu, das Freiheit und Entspannung und Wärme für vier Wochen verspreche. Kaum berühre er aber das Zielband mit seiner Brust, reisse er nicht nur freudig die Arme hoch, dann reisse er sich auch die Krawatte vom Leib, dann werfe er alles von sich. Nein, dann trage er auch keine Socken mehr. Nicht mal schöne Kleider nehme er in den Urlaub mit. Auch rasiert werde dann nicht mehr. «Nei, itz han ich Ferie», sagt er immer wieder, verschränkt die starken Arme trotzig auf seinem Ferienbauch und streckt die nackten Beine gespreizt von sich.

*Nacht*
Noch quillt der bunte Mini-Luxus aus den Souvenirläden, noch wird im Neonlicht Minigolf gespielt, noch ist das Museum mit der Welt kleinsten Grossartigkeiten geöffnet, aus einer Bar klingt Tango aus der Büchse – es wird für die alte Garde sein; fernab, hinter dem Geräusch des anfahrenden Busses, ein Geheul: vielleicht die Go-Cart-Bahn?

Die Strassencafés sind gut besetzt, ein heisser Tag wird gemütlich unter Eisportionen aller Grössen und Farben begraben. Noch ein Bierchen gefällig? Heute bin ich aber braun geworden, siehst du die Streifen? Aber Louise, die Arme, die hat sich ja so einen Sonnenbrand ... Wollen wir nicht noch in die Transvestitenshow? Wart ihr schon? Ich hätte eher Lust, mal ins Palace zu gehen. Aber ich bin so müde ... Die trägt aber eine verrückte Frisur! Und er! Diese Aufmachung! Und wer kommt noch ein bisschen mit ans Meer?

Während das Meer silbrig im Hintergrund glitzert, werfen andernorts die Discjockeys ihre Maschinen an. Scheinwerfer und Laserstrahlen beginnen die Bodies einzukreisen, anzuheizen, aufzureizen, beleuchten sie, schmeicheln ihnen, mit sanften Weichtönen im Dunkel der Keller, stellen ihre Bräune, ihre Formen, ihre Mode aus. Was tagsüber am Strand gebraten hat, wird jetzt im Ritual der Nacht vernascht.

In den belebteren Strassen werden Gratis-Eintritte und Drink-Gutscheine verteilt. «Immer nur schön hereinspaziert!» Attraktionen werden billig angeworben. «Komm doch im Badeanzug», raunen die Werber einer Schönen zu. Für ein paar Stunden wird jetzt der Personality-Market auf den Kopf gestellt. Was hast denn du? Guck mich nicht so an! Jetzt guck! Hier bin ich. Man ist, was man in barer Münze auf sich hat.

Mogeln kann keiner, cheating is the name of the game. Man steckt ein und teilt aus, man traut sich und wagt sich, bei dem Soundpegel ist viel Reden ohnehin nicht angebracht. Oder man lässt mal eben die Sau heraus. Da schwankt schon einer, greift torkelnd nach dem Hals einer Champagnerflasche; er fällt, ein Tischchen kippt, erst Gekreisch – danke –, nun Gelächter. Sind wir denn nicht im Urlaub? Ist denn in der Fabrik nicht alles erlaubt?

Und man glänzt in Posen, die Zigarette elegant zwischen zwei rotlackierten Fingerspitzen in der gespreizten Hand, Eiswürfel klirren im Glas, eine strohblonde Holländerin erkennt im dunklen Barman ihren Star, leuchtend blau jetzt alles Weisse im Black-Light, den Puls der wogenden Menge schlagen die Stones, hier hat man Spass, und die Werbeagenturen lassen grüssen, denn längst ist all dies viel sichereres Werbemittel als der gefährdete Strand, und braun werden kann man schliesslich auch im Solarium, und drum: Spieglein, Spieglein an der Wand, wer ist die Schönste im Ferienland? Viel Mühe und Eifer tanzt hier mit, denn alle formen sich, formen die Gesten, kleiden sich teuer, wollen brav der Verheissung entsprechen, die auch sie herlockte auf Plakaten, Broschüren, auf Postkarten, in Bademode, mini und magma, und soll nicht «Miss España» in diesem Jahr in der Ferienfabrik selbst gewählt werden? Aber auch jeder auf dem Tanzboden darf mitwerben, mitdrehen am Spiegelfilm der Eitelkeit: Bewirbst du dich auch, machst du morgen auch mit bei der Wahl von «Miss pantorrillas» (Waden)? Vielleicht interessierst du dich eher für den Titel «Miss Tetas International» (Miss Titten). Oder wie wäre es mit «Miss Body-Body» oder «Miss flash Bikini»? Applaus braust jetzt auf, zwei Jungs aus Amsterdam lassen die Hosen runter, wie verrückt tanzen sie vor der 5 x 5 Meter Videoleinwand, auf der zwischen zwei Clips das Meer in gewaltigen Wogen gegen einen Felsen schlägt, herrlich unverschmutzt aufbricht in Dunst und fotogener Gischt.

*Morgen*
Ich sitze in einem Café am Strand, die ersten Frühaufsteher breiten im Sand ihre Matten aus. Vor mir am Strassenrand reihen sich die geparkten Laster der Getränkefirmen. Prasselnd werden leere gegen volle Kisten getauscht und stapelweise über Terrassen gekarrt. Bierfässchen werden vorbeigerollt. Der Milchkaffee schmeckt, und das Meer ist schön. Mein Gott, dieses Meer. Wenn man es einfach so anguckt. Wie es sich bewegt und unergründlich lebt.

Und wie überall an der Küste sollen sie dort draussen in dieser goldenen Bucht probeweise nach Öl gebohrt haben. Niemand, den ich darauf angesprochen habe, wusste, ob mit Erfolg oder nicht. Eine ganze Weile noch braucht es auch niemand zu wissen: Die Hotels sind praktisch ausgebucht, Benidorm erlebt das beste Produktionsjahr seiner Geschichte. Ich bestelle mir noch einen *café con leche,* und plötzlich erinnere ich mich, dass ich ja in Spanien bin.

(September 1986)

# Fest für Maria in Malagas Gassen
*Die hohe Kunst der Osterprozession*

Die Ministranten lieben es, wenn die Heilige Jungfrau ein wenig ins Schwanken kommt. Frisch abgestaubt und wieder glattgesichtig wackelt sie hoch oben über Blumen, Prunk und Pomp in ihrem silberfädigen Festtagsputz. Die Holzplattform, auf der sie thront, muss schief angehoben werden, denn beim Auszug der Prozession ist auch das grösste Kirchenportal immer zu klein. Noch unterdrücken die sich abmühenden Männer ihre Flüche, aber der Leiergesang der Messegänger stockt. Und dem geistlichen Würdenträger in der bestickten Robe unter dem Baldachin sieht man an, dass er am liebsten rufen möchte: Um Gottes Willen, passt doch auf!

Die Heilige Jungfrau fällt aber auch diesmal nicht vom Sockel. Ihrem nur leicht verschobenen Heiligenschein zum Trotz, wird sie von der wartenden Menge vor der Kirche erst mit einem staunenden Raunen, dann mit klickenden Fotoapparaten, mit Videokameras und jener überschwenglichen Freude begrüsst, zu der die Spanier und Spanierinnen ganz besonders befähigt scheinen.

In der gängigen Prozession kommen ausser der Mutter Gottes auch die verehrten Heiligen an die frische Luft und hinaus in die Welt. Für die Gläubigen bringen sie den Segen mit und bannen Unheil aus den Gassen, durch die sie getragen werden. Es ist ein Brauch heidnischen Ursprungs, der hier mit Bildern und Schreinen, mit Musik und Litaneien, zusammen mit dem geschlossen anwesenden Klerus, den ganzen Ort für kurze Zeit in einen kerzenbeleuchteten, beweihräucherten Tempel verwandelt.

Im Tross der Jungfrau formieren sich auch die gewichtigen Männer der Gemeinde. Neben dem Priester gehen der Bürgermeister in seinem neuen Anzug und der *Sargento* der Guardia Civil, der zu seiner ordenbehangenen Galauniform weisse Handschuhe und natürlich den schwarzen Lackhut trägt. Alle sind sie da, die Schreinermeister, die Händler, der Schneider, der Drucker, der Wirt und der Kellner. Und wer nicht einen Wimpel oder eine Kerze zu tragen hat, der personifiziert biblische und lokale Geschichte. Die drei Weisen aus dem Morgenland wurden so grosszügig mit Barthaar beklebt, dass man den Lehrer und die beiden Angestellten der Bank kaum wiedererkennt. Auch am Lippenstift für die Schürfungen und die Wunden an den Füssen und Beinen der in Sacktuch gekleideten Märtyrer wurde nicht gespart. Und ein weisses Schaf geht mit. Der kleine Hirtenjunge, der es führt, ist sich seines Auftrittes würdig bewusst. Er glüht unter der ihm zukommenden Aufmerksamkeit. Natürlich blasen die Musikanten, bis sie rote Köpfe kriegen, die Pfeifen und Trommeln gehen ununterbrochen, und gleich hinter der Jungfrau kommen in edlen Trachten, mit fein ziselierten Kämmen im Haar, blumentragend und stolz, die Frauen und Mädchen, die man sich schöner nicht vorstellen kann.

Aber nicht alle dürfen dabeisein. In den Gassen, in den Fenstern und auf den Balkonen braucht es Zuschauer, denn wenn die Prozession auszieht, zeigt sich das Dorf oder die

Stadt selbst. Sich anschauend und sich spiegelnd, ordnet und identifiziert sich die Gemeinschaft. Sich widerspiegelnd zeigt sie ihre Besonderheit.

Man sagt, die Spanier seien ein schwermütiges Volk, doch wenn es darum geht, den Alltag mit Feiern und Festen zu durchbrechen, so warten sie nicht, bis diese von alleine fallen. Etliche der aus arbeits-ethischen und aus unternehmerischen Gründen von Luther anderswo aus dem frühkapitalistischen Kalender gestrichenen christlichen Festlichkeiten feiern sie weiterhin freudig und hingebungsvoll. Die Spanier lieben ihre Feste.

Besonders die Andalusier verstehen es zwar auch, bei einem Gläschen oder an einer Strassenecke mit aufgeräumtem Gesicht dem Müssiggang zu huldigen, aber Prozessionen von den Ausmassen eines Volksfestes wollen ernsthaft organisiert sein. Das ganze Jahr hindurch werden sie mit Eifer, mit für mitteleuropäisches Zweckdenken kaum erklärbaren Anstrengungen und Mitteln vorbereitet. Es wird rivalisiert und aufgetrumpft. Längst sind deshalb zahlreiche dieser einstigen Bitt- und Bussgänge auch zu Fastnachtsumzügen für Touristen und Schaulustige, damit auch zu Marktplätzen und Arbeitsbeschaffungsmassnahmen geworden. Das Geschäft am Rande blüht. Kenner fahren durchs Land und schauen sie sich alle an, wie andere Kathedralen oder Schlösser oder Burgen.

Die berühmtesten, wie diejenigen der Karwoche in Sevilla, in Jerez und in Málaga, gehören zum Angebot der Reiseagenturen wie der Karneval von Rio oder das Münchner Oktoberfest.

Die Prozessionen von Málaga beginnen am Palmsonntag. Eine Woche lang bilden sie für Gläubige und auch für Nicht-so-Gläubige Inhalt, Struktur und Vorwand des wichtigsten Festes des Jahres. In der Osterwoche überbordet die Stadt, sie explodiert mit Lebensfreude. Wer kann, nimmt Urlaub, Verwandte reisen an, die Stimmung steigt und steigt, die Strassen versinken unter barocker Pracht.

Im Mittelpunkt der Festlichkeiten stehen lebensgrosse, realistisch nachempfundene Christus- und Madonnafiguren. Die unterschiedlich populären, zum Teil aber geliebten und verehrten Statuen werden auf überschwenglich mit Blumen und Kerzen geschmückten Holzplattformen nächtelang kreuz und quer durch die Stadt getragen. Für jeden Prozessionszug ist eine zunftähnlich organisierte Laienbruderschaft zuständig. Begleitet wird er von schleppend schlagenden Trommeln, auch von Männern in langen Capes und spitzen, geschlitzten Kapuzen mit stabhohen Kerzen. Sie tragen die Kleidung der ehemals von der Inquisition verurteilten Häretiker, von der sich auch der Ku-Klux-Klan inspirieren liess. Gläubige lösen ihre Gelübde ein, indem sie blind oder barfuss gehen, sich geisseln oder stundenlang festketten an eine der wie wogende Schiffe langsam durch die Gassen schwankenden Heiligenplattformen.

Diese altarähnlichen Holzgerüste wiegen drei bis fünf Tonnen, einige auch mehr, und werden von 120 bis 250 Männern fünfzigmeterweise auf den Schultern getragen. Unter den besonders schweren schwitzen und schuften hinter herabhängendem Damast dafür angeheuerte Hafenarbeiter.

Nicht selten wird einer Jesusfigur vom Strassenrand aus «Hallo Hübscher!» oder einer Jungfrau «Na du Schöne!» zugerufen. Auch auf feinen und weniger feinen Tribünen ergibt man sich dem grossen Sehen-und-gesehen-werden, klaubt dazu im Popcorn rum, schlürft heisse Schokolade und spendet ab und zu Applaus. Vom Anblick einer besonders beliebten Madonna ausgelöstes verzücktes Schluchzen ist zu hören, und, wie könnte es in Andalusien anders sein, auf einigen Plätzen steigen zu Ehren der Heiligen die herzzerreissendsten Flamenco-Gesänge auf in die festliche Nacht.

Und natürlich sind die kleinen Bars und kleinen Restaurants, die nur noch in den späten Morgenstunden kurz zum Saubermachen schliessen, alle gestossen voll, und natürlich bleibt Spanien auch nach diesem gewaltigen Fest das unergründliche Spanien, das es eben ist.

(April 1990)

# Andalusien – Land der Herren und Knechte
*Wunden, die die Zeit nicht heilt*

Noch an den Rockschössen seiner bei der Erbsenernte mitarbeitenden Mutter hängend, musste er sich mit den erbeuteten Kichererbsen die dazu gefertigten Strümpfe füllen lassen. Früh musste er lernen, flink und unbemerkt über Zäune und auf Bäume zu steigen. Einmal fiel es ihm sogar zu, unter dem Bett des schlafenden Verwalters des Gutshofes, auf dem seine Familie ihr menschenunwürdiges Nachkriegsdasein fristete, hindurchzukriechen, um an einen Sack Bohnen zu gelangen. Untergebracht war er in einer Höhle, und während er half, seine Geschwister mitzuernähren, reichte sein Schulbesuch nicht aus, um lesen und schreiben zu lernen. Er erinnert sich aber noch an jenen Tag, da man den Kindern an einem dafür im Schulzimmer aufgebauten und reich gedeckten Tisch vorführte, wie man mit Messer und Gabel hantiert. Mit knurrendem Magen und mit Tränen in den Augen habe jeder von ihnen auf diesem Tisch nur das Brot gesehen, auf das sie sich bei der ersten Gelegenheit stürzen wollten.

Bis dahin hatte mein andalusischer Nachbar Manolo als Kind nur Bohnen, Kartoffeln und dünnen Gazpacho aus der gemeinsamen Schüssel gelöffelt. Die Sorgfalt und der Einfallsreichtum, mit denen er heute seinen Gemüsegarten pflegt, machen seine Geschichten vom Hunger glaubhaft.

Und noch immer legt er beim Essen seinen linken Arm rund um den Teller, als müsse er ihn vor einer unsichtbaren Gefahr schützen.

Mein Nachbar Manolo war 13 Jahre alt, als er ohne Bildung und ohne Schuhe, aber mit einer vom Priester spendierten Drittklass-Fahrkarte im Zug nach Barcelona sass. Wie Hunderttausende anderer exilierter Andalusier verkaufte er im spanischen Norden das, was er anzubieten hatte: die Kraft seiner Glieder. Heute sind seine beiden Töchter verheiratet, und Manolo lebt mit einer bescheidenen Invalidenrente für seine zerstörte Wirbelsäule als Selbstversorger im valenzianischen Bergdorf, aus dem seine Gattin stammt.

Manolo ist immer guter Laune. Er liebt es, zu schäkern, zu lachen und zu scherzen. Seit ich ihn besser kenne, hege ich aber den Verdacht, er übertreibe absichtlich ein wenig, um dem Ruf, der ihm als Andalusier vorauseilt, gerecht zu werden. Besonders die Katalanen behaupten, die Andalusier sängen lieber und tanzten mit fliegenden Röcken und mit stampfenden Füssen zur Gitarre, anstatt sich im Schweisse ihres Angesichts zur Erde zu bücken.

Aber Manolo hat sich gebückt. Wenn er witzelnd durchs Dorf geht, geht er schief und wankend, und sein Körper erzählt mit jedem Schritt eine Geschichte von Armut, Hunger und Ausbeutung. Als ich ihm sagte, dass ich in seine Heimat fahre, hätte er mich gerne begleitet. «Oh, wie würden wir lachen!» sagte er. «Geld würden wir nicht viel benötigen, auch im Mist schläft man warm.»

★

In Fuente de Piedra, in der Provinz Málaga, lebt man von der Arbeitslosenkasse oder von den Olivenbäumen. Das riecht man auch, obschon jetzt im Sommer kein Öl gepresst wird.

Der leicht ranzige Geruch ist nicht unangenehm, aber er ist überall.

In einer der Bars schiebt der Wirt grüne Oliven neben den *fino* auf die Theke und erzählt von seinen zehn Jahren in Hannover, wo er erst in einem italienischen, dann in einem griechischen Restaurant als Kellner das Geld zusammengespart habe, um sich hier selbständig zu machen. Ich lobe die Oliven, die von jener Sorte sind, von der man meistens nur träumt, und er macht mich mit dem Mann bekannt, der mehr Bäume besitzt als alle andern im Dorf zusammen. Dieser wehrt sogleich ab. Grossgrundbesitzer! Dass er nicht lache. Er arbeite Tag und Nacht, sein Sohn sitze dauernd auf dem Traktor, die Frau sei ununterbrochen am Telefon. Hier wolle ja sonst keiner mehr arbeiten. Zwar klagten alle über Arbeitslosigkeit, doch jeder Jugendliche rauche aus Gibraltar importierte amerikanische Zigaretten und besitze irgendein verrücktes Motorrad. Er kenne keine stempelnde Familie ohne Auto. Natürlich sei die Arbeitslosenunterstützung für Landarbeiter nicht hoch, dafür komme in Andalusien jeder, ob recht- oder unrechtmässig, in ihren Genuss, auch die Hausfrau, die schwarz für die katalanischen Textilfirmen Hemden zusammennähe. Er mache weiter, denn er habe das Gift der Erde in sich. Den Olivenhain, den man tausendmal betreten habe, den pflege man auch dann, wenn es sich wegen der tiefen Preise eigentlich nicht mehr lohne.

★

In Córdoba beim IARA, dem Andalusischen Institut für Agrarreform, schickt mich ein hoher Beamter in das fruchtbare Gebiet am Río Quadalquivir, nach Palma del Río. Wegen der Hitze ist das Dorf bis in die Nacht hinein wie ausgestorben. Erst nach zehn Uhr beginnt das Leben wieder zu pulsieren.

Um elf Uhr beginnt im Freiluftkino der Flamencoabend, und alt und jung sitzt bis in den Morgen hinein vor den Häusern auf der Strasse.

Im Rathaus überschüttet man mich am nächsten Tag mit jener absolut liebenswürdigen und grosszügigen Hilfsbereitschaft, zu der die Spanier fähig sind, die aber leider allzuoft nicht viel weiter als in die nächste Kneipe führt.

An einer wunderbar abgegriffenen Theke in der Hospedería de San Francisco beklagt ein Agronom des IARA die juristischen Ränkespiele, auch die Unentschlossenheit der Politiker, die gegenwärtig die Landreform so gut wie blockierten. Ungenügend genutzte Grundstücke könnten zwar noch enteignet werden; es blieben aber nur noch solche von minderwertiger Bodenqualität, und nach denen krähe kein Hahn.

★

«Wir sind von hier. Wir gehören zu dieser Erde, und diese Erde gehört zu uns. Wir lassen uns nicht von der Regierung wie Sioux-Indianer in ein verdammtes Reservat stecken», sagt ein Mann mit ruhiger Stimme, aber in einem Ton, der Klarheit schafft. Mitten in den uferlosen Stoppelfeldern der Provinz Córdoba spreche ich mit einer Gruppe von Landarbeitern. Es sind arbeitslose Taglöhner, die man in Andalusien *jornaleros* nennt. Einige tragen in den Nacken geschobene Schildmützen, die Älteren Strohhüte. Ihre braungebrannten Gesichter sind gegerbt und stoppelbärtig. Seit hundert Tagen halten sie den Gutshof «El Humoso» besetzt, um dessen tausend Hektaren sie seit zehn Jahren kämpfen.

Und wieder fällt das Wort Hunger.

Ein Mann um die 25 spricht es aus. Er ist als einziger der Gruppe blond und lehnt mit dem Rücken gegen das Waaghäuschen, vor dem die andern im Schatten kauern, sitzen und stehen. «Aber was genau versteht man unter Hunger?» frage ich zögernd, worauf sich der Blonde mit der Schulter einen Ruck gibt: «Hunger, das bedeutet, dass man ausschliesslich von Brot und Bohnen lebt, dass man seinem Kind nicht geben kann, was es braucht, dass man seiner Frau nicht mehr in die Augen schauen kann, weil man im Laden schon vor Mitte des Monats alles anschreiben lassen muss.» Mürrisch spricht er vor sich hin, unterstreicht seine Worte mit einer Armbewegung, die das umliegende, weite Land in seine Rede einzubeziehen versucht.

Ich bezeuge den Landarbeitern meinen Respekt für ihre Geduld, für ihren Durchhaltewillen bei der Landbesetzung. «Oh, manchmal haben wir es auch lustig», sagt ein älterer Mann, «etwa wenn die Guardia Civil aufmarschiert.» Meistens würden die Besetzer über Lautsprecher aufgefordert, innerhalb von fünf Minuten zu verschwinden, dann griffen die Polizisten ein, mit Knüppeln und Tränengas. Natürlich leiste man nur passiven Widerstand, aber die Guardia habe nicht immer Lust, hundert Leute wegzutragen. Und natürlich sei man am nächsten Tag wieder da.

Ein Wort, das immer wieder fällt: *tierra*. Es bedeutet Heimat, Land und Erde. Aber ob am Radio oder im Gespräch, fast immer ist damit jene greifbare Substanz gemeint, auf der man geht und steht, die man bebaut, in die sich der Hungrige verkrallt, weil nur sie die Erfüllung seiner bescheidenen Träume verheisst.

Unterwegs, zwischen Baumwolle und Sonnenblumen, nehme ich sie auf einem frisch in tiefe Furchen gepflügten Acker in die eigene Hand. Schwer und hart, rostbraun, von Steinen durchsetzt, aber kaum bröckelig ist dieser Klumpen, den ich in eine Zeitung wickle und mir in den Sack stecke.

Es ist acht Uhr abends. Noch immer brennt die Sonne gnadenlos. Der besetzte Hof liegt am Rande jener Tiefebene von Ecija, die man die Bratpfanne von Andalusien nennt. José G., ein bärtiger *jornalero,* kichert vergnügt. Wie oft habe er schon gehört, sie seien alle arbeitsscheu. Wenn andere schufteten, verschliefen sie den halben Tag und feierten Siesta. Aber diese Erde hier sei nachmittags manchmal so heiss, dass sie die Schuhsohlen verbrenne.

José spricht gerne von Wurzeln, auch von menschlichen Beziehungen, die er nicht bricht. «Was ändert es?» fragt er, während wir im Schatten der Bäume die Hofeinfahrt hinuntergehen. «Was ändert sich in meinem Dorf, wenn ich nach Deutschland emigriere oder mich nach Mallorca verdinge, um sechs Monate fern von meiner Familie als Kellner zu arbeiten? Und ich dann zurückkomme mit einem neuen Anzug, dafür mit Scham im Gesicht? Nichts ändert sich, ausser, dass ich mich versetzt und entwurzelt fühle. Vielleicht ist es nicht für jeden gleich, aber für mich ist das nicht nur keine Lösung, es ist auch unmenschlich. Lange genug hat man uns wie Vieh auf Herz und Nieren geprüft und gewogen, um die Tauglichen, die Käuflichen, in Herden aus den Dörfern in die Fabriken zu treiben. Aber an eine Maschine gekettet, eingesperrt in die Arbeitszeit, kann ich nicht leben. Lieber sterbe ich.» Auf seine Ausdrucksfähigkeit angesprochen, wehrt José ab: «Ach nein, wir haben ein bescheidenes kulturelles Niveau. Dennoch hat unser Widerstand in Andalusien Geschichte, schliesslich ziehen wir seit Jahrhunderten den Kürzeren. Die starken anarchistischen Organisationen der Vorkriegszeit hat Franco zwar zerschlagen, trotzdem haben wir unseren Stolz zurückgewonnen. Wir sind nicht mehr die Leibeigenen von prunksüchtigen, machtgewohnten Aristokraten, noch von arroganten Grossgrundbesitzern, von denen viele noch nicht einmal herausgefunden haben, in welchem Jahrhundert sie eigentlich ihr dekadentes Dasein fristen.»

★

Die Landbesetzer kommen aus Marinaleda. Das Dorf wird wegen seiner Infrastruktur und wegen der guten Leistungen seines Fussballklubs weiterum bewundert und beneidet. An sogenannten roten Sonntagen wurden von Freiwilligen Parkanlagen, Sportplätze und ein Kulturzentrum gebaut. In keinem vergleichbaren Ort werden so viele schattenspendende Bäume gepflanzt und gepflegt. Man ist stolz auf eine selbstverwaltete Gaststätte, ebenso auf eine eigene Radiostation, die allabendlich auf Sendung geht. Der Unterhalt von Strassen, Friedhof, Schule, Rathaus und Altersheim wird unentgeltlich besorgt. Das dadurch gesparte Geld dient zusammen mit Steuern und Ausgleichszahlungen aus der Provinzkasse dem sozialen Wohnungsbau und dem Landkauf für die eigene Kooperative.

Auf dem Ortsschild nennt sich Marinaleda das Dorf des Friedens, und im Telefonbuch zählt es zwar keine hundert Nummern, aber seine Strassennamen brechen die Enge. Sie sind nicht wie üblich nach Heiligen, sondern nach Antonio Machado, nach Allende und Che Guevara, nach Freiheit und Brüderlichkeit benannt. Jemand sagt dann auch scherzhaft, jetzt, nach den Veränderungen in Osteuropa, hielten nur noch Kuba und Marinaleda die sozialistische Fahne hoch. Aber der populäre Bürgermeister Juan Manuel Sánchez Gordillo gibt sich parteilos. Seinem Vollbart zum Trotz hat er mit seiner sanften, unautoritären Art und mit seinen Ideen mehr mit Gandhi als mit Castro zu tun. Er ist mit einer Lehrerin verheiratet, die für den Lebensunterhalt der Familie sorgt. Er selbst führt seinen Kampf gegen die erstarrten Verhältnisse unentgeltlich, und wenn es wie bei der Landbesetzung hart auf hart geht, ist er zuvorderst dabei.

★

Zum Sonnenuntergang frisst sich eine Ziegenherde heran. Bald versilbert der volle Mond das Laub der Bäume. Eine Brise kommt auf, sanft wie eine Liebkosung. Vor dem Sternenhimmel erinnern die Umrisse des Gutshofes an jene Bühnenbilder, vor welchen García Lorca so gerne gespielt wird.

Die Hirten breiten Decken aus. Umringt von ihren Tieren legen sie sich zur Ruhe. Einer führt noch den Esel zur Tränke. Nach dem stumm verbrachten Tag lässt sich der knorrige Mann gerne in ein Gespräch verwickeln. Wieder eine Geschichte der Entbehrung. Er hat ganz in der Nähe Salz gewaschen. Als die Saline geschlossen wurde, ist er *cabrero*, Ziegenhirt, geworden. Sechs Kinder hat er. Natürlich reicht das Einkommen nicht.

«Aber schön ist es, sehr schön, euer Andalusien», sage ich im Anblick der sanft im Mondlicht liegenden Landschaft, in der neben dem Esel, den schlafenden Hirten und der ruhenden Herde nur noch die drei Weisen aus dem Morgenland fehlen.

«Ja», antwortet der *cabrero*. «So viel Schönheit, und so viel Elend. *Tanta miseria.*»

Spaniens soziale Gegensätze sind in Andalusien unter anderem deswegen so ausgeprägt, weil die sogenannte Rückeroberung christlicher Gebiete von den Mauren, die sich anfänglich über Jahrhunderte dahinzog, im Süden an Dynamik gewann, und die Könige die ihnen kriegerisch zu Diensten stehenden Adeligen mit immer grösser werdenden Grundstücken belohnen konnten.

Durch die Leitung kommt ein Seufzer der Ungeduld. Per Telefon spreche ich mit dem Experten für Agrarfragen in der Redaktion von «El País» in Madrid. Nein, was in dem Dorf Marinaleda passiere, sei zwar von mehr als einem Gesichtspunkt aus bewundernswürdig, jedoch ohne jegliche Bedeutung für die Entwicklung der andalusischen Landwirtschaft. Diese werde heute durch Normen aus Brüssel und durch die Anforderungen des europäischen Marktes geprägt, wobei die geographische Lage und die damit verbundenen gewaltigen Transportwege keine unwesentlichen Faktoren darstellten. Bei der Situation des *jornaleros* dagegen handle es sich um ein soziopolitisches Problem. Heute bestehe ein Mangel an Arbeitskräften. Man brauche nur genau hinzuschauen: Nicht Spanier treffe man, sondern Portugiesen und Marokkaner. Wenn ich aber das Bild des landlosen, ausgebeuteten Tagelöhners einmal mehr vervielfältigen wolle, weil es im Norden einen romantischen Aspekt habe, na schön, aber mit der Wirklichkeit habe es nichts mehr zu tun.

Drei Tage lang ersuche ich einen adeligen Grossgrundbesitzer um eine Audienz. Ohne Erfolg. Don José möge keine Öffentlichkeit, sagt seine höfliche Sekretärin. Señor Márquez reitet auch nicht peitschenknallend durch seine Latifundien. In einem modernen Bürogebäude arbeitet er als Vizepräsident einer Versicherungsgesellschaft. Auch seine Frau ist nicht untätig: Als Exministerin macht sie als Vizebürgermeisterin von Sevilla Politik.

★

In Andalusien gelangt man vielerorts über ein Strässchen plötzlich in eine Landarbeitersiedlung. Vor den blumengeschmückten Häusern kann man sich mit freundlichen Frauen, die gerade Wäsche aufhängen, wortreich unterhalten. Man kann Männer sehen, die sich an einem Ziehbrunnen den Schweiss ihrer Arbeit fröhlich prustend vom Leib waschen. Man kann sich am Spiel der Hunde und an den frei herumstreunenden Hühnern erfreuen. Man kann einen schiefen Leitungsmast bewundern, über den ein einziges Kabel in die gehetzte Welt hinausführt. In der gleichen Siedlung könnte man aber auch sehen, dass das Kabel schon beim nächsten Mast unterbrochen herunterhängt, dass die Hühner durch den verlotterten Zaun entwischen und die Hunde viel zu mager sind. Die bestimmt unterbezahlten Männer könnte man bemitleiden und die Redseligkeit der Frauen auf ihre Langeweile zurückführen. Und wenn man wollte, könnte man hinter den schmucken Häuserfassaden nichts als übertünchte Armut sehen.

★

Zwei Ziegen bleiben zurück. Sie verkrallen ihre Klauen im Staub, bäumen sich auf, strampeln mit ihren Vorderbeinen wie Zirkuspferde und schlagen herunterkommend ihre gehörnten Schädel mit dumpfer Schonungslosigkeit aufeinander. Juan, der Hirte, mit dem ich querfeldein gehe, gibt den Hunden ein Kommando. Vor wenigen Tagen nur habe doch tatsächlich so eine dumme Ziege eine andere getötet.

Juan ist Vater von vier Kindern. Schon sein Grossvater sei Hirte gewesen. Das sei das Allerschlimmste, was man sich als Beruf vorstellen könne. Ein Fluch sei es, dieses Hirtendasein. Jeder Schuhputzer in der Stadt habe es besser. Den ganzen Tag über stehe und gehe man in einem Backofen, da müsse keiner an den Strand fahren, um braun zu werden. Und nachts die Mücken, die einem noch durch die Wolldecke hindurch das Blut aus den Adern saugten. Aber nicht nur der Unbill der Natur, auch derjenigen der Menschen sei er ausgesetzt. Die Grossgrundbesitzer sähen es nicht gerne, dass er die abgeernteten Felder beweide, dabei hinterlasse er doch den wertvollen Mist. Und so viel Boden, wie die besässen! Er wisse nicht, wozu sie ihn brauchten. Weil ihnen die Menschen, die darauf leben könnten, egal seien, säten sie von Horizont zu Horizont immer wieder nur Weizen. «Wir sind doch Brüder», sagt er zweifelnd. Dann lobt er überschwenglich seine Schäferhunde. Dabei spricht er von diesen «Kreaturen» oder gar, sie ganz vermenschlichend, von *esa gente*, von «diesen Leuten», ohne die sein Leben vollends unerträglich wäre.

★

Sevilla schmachtet. Um die Sonne zu sehen, muss ich den Kopf tief in den Nacken legen. An der Bushaltestelle drücken sich die Leute in den kaum mehr vorhandenen Schatten und wedeln sich Luft zu. Die Frauen mit den bunten Fächern, die Männer mit Zeitungen.

Bei einem Bier treffe ich einen Geschäftsmann, der schon bald lachend über den neusten politischen Skandal spricht, als wäre die herrschende Korruption nichts weiter als ein andalusisches Gesellschaftsspiel. Auf die 200 000 arbeitslosen *jornaleros* angesprochen, vergleicht er diese mit den Terroristen im Baskenland.

★

Nachwuchsstierkampf in der Real Maestranza. Das Plakat zur *Novillada* zeigt einen jungen Mann mit einem roten Tuch im Schoss im Strassengraben. Er leidet. Mitleidende Freunde trösten ihn. Dahinter greift ein anderer, bereits in Gold gekleidet, nach der strahlenden Arena. Wie viele ertragen ihre Armut, solange sie Hoffnung haben? Torero, Lottogewinner, Fussballstar. Von Tausenden schafft es kaum einer.

Das Muster der *Azulejos* absorbiert und beruhigt. Die Luft ist gut und kühl. Tüchtige Kellner vermerken die Bestellungen mit Kreide auf der hölzernen Theke. Man trinkt Sommerwein, Rotwein mit kühlem Wasser. In einem wunderschönen Lokal in Sevilla, in der Bar Giralda, treffe ich mich nun doch noch mit einem Grossgrundbesitzer.

Ignacio Vásquez Parlabé ist um die fünfzig Jahre alt. Er ist gebildet, witzig und umgänglich. Seinen Besitz hat er indirekt, das heisst nicht von seinem Vater, geerbt. Er ist Ingenieur der Agronomie und überwacht seine Ländereien von Sevilla aus, wo er auch wohnt. Seine Produkte wie beispielsweise Pfirsiche oder Spargeln gehen zum Grossteil nach Hamburg. Hämisch lächelnd wiederholt er mehrmals, dass er als Mitglied der Izquierda Unida, einer Partei links von den regierenden Sozialisten, ein sehr untypischer Grossgrundbesitzer sei. «Aber was Sie suchen», sagt er dann, «werden Sie ohnehin nicht finden. Das Märchen von Arm und Reich, das ist vorbei. Mit den neuen Anbaumethoden und mit den neuen Marktbedingungen sind die feudalen Herren verschwunden. An der Landwirtschaft bereichert sich heute keiner mehr.» Ein neuer Mythos sei im Entstehen, fährt er fort. Der Jet-Set und die superreichen Industriellen aus Madrid, die liebten es, sich in der farbenfrohen Folklore Andalusiens zu sonnen, die kauften auch riesige Grundstücke auf, wo sie sich dann hoch zu Ross wie Präsident Reagan fotografieren liessen, obschon sie gar nicht reiten könnten. Diesen Neureichen verleihe ein Grossgrundbesitz noch Glanz und Würde, da könnten sie auch ihre ausländischen Geschäftspartner zu Treibjagden einladen. «Aber ich», sagt er dann, «ich habe eine einfache Wohnung, fahre ein kleines Auto, und eben haben es wieder dreissig meiner *jornaleros* vorgezogen, ihr Glück in der Stadt als Bauarbeiter zu suchen.»

«Schau!» sage ich, wieder zu Hause, zu meinem Nachbarn aus Andalusien. «Ich habe dir ein gut gebackenes Stück Heimat mitgebracht.» Als Manolo den Klumpen Ackererde aus der Zeitung gewickelt hat, sagt er: «Nein, diese Erde ist aus der Gegend von Sevilla, ich bin aus der Provinz Granada. Aber *muchas gracias,* dass du an mich gedacht hast.»

(September 1991)

# Geliefert wird nur gegen bar
*Eine Reise in die spanische Krise*

Adiós Südfrankreich! Adiós Mitteleuropa! Vor der Grenze hatte ich ein paar Stunden geschlafen, passierte dann den Zoll und kurvte durch die hügelige Gegend von Gerona nach Süden. Der Verkehr harzte, aber nach sechsmonatiger Abwesenheit freute ich mich, zurück in Spanien zu sein. Ich fuhr in einer Schlange von Katalanen auf ihrem Arbeitsweg. Die teure Autobahn wurde offensichtlich gemieden. Noch nie hatte ich diese Nationalstrasse so überlastet gesehen. Weiter unten, nach Barcelona, schob ich mich in einer Kolonne von monströsen Lastern mit knapp fünfzig Kilometern pro Stunde die Küste entlang. Ich hörte Radio und blickte auf das Meer hinaus. Wie immer war es herrlich und schön, auch trügerisch blau und rein. Die Nachrichten meldeten, dass wegen des günstigen Wechselkurses in diesem Sommer etwas mehr Touristinnen und Touristen erwartet würden. Und dass sich gleichzeitig weniger spanische Familien zu einer Reise ins Ausland entschlossen hätten. Als sich bei Miami-Playa die Kolonne nur noch schrittweise bewegte, fuhr ich auf die parallel verlaufende Servicestrasse. Knietiefen Schlaglöchern ausweichend, suchte ich einen Zeitungsladen. Die Geschäfte waren alle schäbig, nur für die Sommermonate hingeklatscht. Einige waren auch auf deutsch angeschrieben.

Bei einer Kaffee-Bar parkte ich. Es war eine offene, typisch spanische Stehbar. Die paar hohen Stühle standen direkt auf dem Trottoir. Auf einem der Hocker sass eine blonde Frau. Ein Blick, und in mir dachte es, während ich in meiner Tasse rührte: Unzweifelhaft deutsche Urlauberin aus dem Osten. Zum ersten Mal am Mittelmeer! Wie sonst könnte dieser Ort hier eine solche Glückseligkeit auf dieses Gesicht zaubern? Ausser den schäbigen Läden gab es nichts als Bierbuden, in einem unfertigen Gebäude eine Bank und einen Supermarkt, die Betongerippe von Häusern, die niemand fertigbauen würde, auch absurd herumstehende Baugerüste, aber vor allem einen gigantischen Mangel an Schatten. Nirgends ein Baum, kein Strauch, nichts fürs Auge, keine Spur von Form oder Struktur oder Plan, nur dieses gleissende Weiss der getünchten Mauern der Billig-Appartements, nur der Lärm und der Gestank der im Leerlauf ausharrenden Laster auf der Nationalstrasse. Und so etwas ersetzt den Olivenhain, den es hier vor zehn Jahren vermutlich noch gab. Mehr Tourismus? Ist doch ein Wunder, dass überhaupt noch jemand kommt. Was wäre dieses hässliche, staubige Aufbau-und-Abriss-Chaos ohne die Sonne und das Meer? Mindestens einer Touristin schien es aber zu gefallen.

Bevor ich auf einer Nebenstrasse weiter gegen Süden fuhr, sah ich am Strassenrand auf vier platten Reifen noch den Lieferwagen einer Glaserei. Die eine Tür war eingedrückt, über dem schwammig-grünen Fahrersitz spannte sich dichtes Spinngewebe, die Windschutzscheibe war verkrustet. Die Glaserei war ein paar Schritte weiter: Eingeschlagene Türen und Fenster, im Hof Berge von Scherben und als Teil einer vermutlich zu spät eingeforderten Konkursmasse nochmals ein zertrümmerter Lieferwagen.

«Nicht mal die Fischer haben noch Geld», sagte der Freund, den ich weiter unten an der Küste im Kreis seiner Familie besuchte. «Die Fischer verdienen gerade noch 10 000 bis 15 000 Pesetas die Woche. Dabei hatten wenigstens die sonst immer Geld gehabt. Nur noch Sardinen werden gekauft. Und die Bars und Restaurants am Strand sind alle leer. Nicht mal nachmittags um fünf hat es Leute auf den Terrassen. Um diese Zeit sind doch immer alle auf ein Bier ausgegangen! Schlimm ist es. Geliefert wird überall nur noch gegen bar. Stell dir vor, die besten Freunde gehen sich aus dem Weg, weil sie dauernd befürchten, der andere pumpe sie an. Und während du weg warst, wurde bei uns eingebrochen, sogar die Gasflaschen wurden geklaut! Wenn das nicht ein Zeichen von totaler Krise ist! Wo werden denn die schweren Gasflaschen geklaut?»

Dann erzählte er noch von einem Geschäftspartner, der völlig am Durchdrehen sei. Krisengeschädigt fresse und saufe der, es sei nicht vorstellbar. Allein drei Brote pro Tag. Er sei über hundertdreissig Kilo schwer und könne nur noch vor dem Fernseher einschlafen, und zwar nur bei sehr lautem Ton. Wenn seine Frau oder seine Tochter, die übrigens nicht mehr mit ihm reden wollten, den Fernseher ausschalten würden, dann wache er wieder auf.

Als mein Freund auf das Versagen der knapp wiedergewählten Sozialisten in der Regierung zu sprechen kam, stand ich auf. Ich wusste, was kommen würde. An allem war bloss die Steuerverwaltung schuld. Ich schaute zu dem fünfzehn Kilometer entfernten Küstenstreifen hinunter. Der wolkenlose Himmel und das glitzernde Meer auch hier ein Geschenk Gottes; aber diesen Streifen Baupfusch und Flickwerk jeder Art, der sich von zuoberst bis zuunterst die ganze spanische

Mittelmeerküste entlangzieht, den haben Leute wie mein über das Finanzamt herziehender Freund verbrochen: unkoordiniert, rücksichtslos, viel zu schnell und zu billig, nur auf kurzlebigen Profit ausgerichtet. In weiten Teilen von Gesetzen und Steuern unbehelligt. Stolz zeigte man hier noch vor wenigen Jahren auf eine neuverlegte Kanalisation, auch wenn sie die Abwässer aus ein paar tausend Toiletten gerade mal zweihundert Meter weiter ins Meer hinausspülten als vorher. Die unprofitablen Infrastrukturen mussten dennoch richtig gebaut werden, und der Staat forderte dafür auch seinen Tribut. Weil Gross- und Kleinunternehmer diesen nicht bezahlen, sondern ihre horrenden Gewinne halten wollten, verdoppelten sie in den sieben fetten Jahren die Preise. Die Schlausten unter ihnen verdreifachten sie. Prompt begann der Tourismus, die bei weitem wichtigste Industrie des Landes, nun auch Arbeitslosigkeit zu produzieren. «Ja, ja», sagte ich zu meinem Freund beim Abschied, «ihr habt das Huhn, das goldene Eier legte, geschlachtet.»

Auf dem Weg von der Küste hinauf in die Berge fuhr ich durch verschiedene Baumkulturen: Mandeln, Orangen, Oliven. Dann karges Berggebiet. Ausgetrocknete Flussbette, verwüstete Felder, verwahrloste Gehöfte, verlassene Dörfer. In dieser Gegend, wie vielerorts im Landesinnern Spaniens, war das Leben schon immer eine einzige Krise gewesen. Wer konnte, ist abgewandert, und doch haben viele ihren Selbstversorgerstatus am Rande des Existenzminimums an der lockenden Küste und in den grossen Städten nur gegen Arbeitslosigkeit getauscht. Einer, der geblieben ist, ist mein Nachbar. Er wohnt bescheiden, ohne fliessendes Wasser, ohne Fernseher, als Rentner in einem kleinen Haus. Er begrüsste mich wie immer lachend. Viel sei passiert, sagte er. «*Hay mucha crisis»*, und wieder lachte er. Dann erzählte er vom grossen Dorffest, das eben begonnen hatte, und sagte: «Wir haben vielleicht die niedrigsten Produktionsraten und die höchste Arbeitslosigkeit Europas, es ist auch schon vorgekommen, dass wir nichts zu essen hatten, aber das hindert uns nicht daran, tagelang Stiere durch unsere Gassen zu jagen, zu tanzen und uns zu vergnügen. Unsere Seat-Fabriken mögen nur halb so viele Autos pro Arbeiter produzieren wie ihre Konkurrenz, aber in Sachen *fiestas* sind wir Weltspitze.»

Seit der sommerlichen Zeit der *fiestas* hat sich die Krise drastisch verschärft. Man spricht vom Abbau des Wohlfahrtsstaates, obschon dieser gar nie richtig aufgebaut werden konnte. Die Anpassung der Renten an die steigenden Lebenshaltungskosten scheint zwar gesichert, aber die Arbeitslosenkasse bezahlt nur noch während drei Monaten. Etliche Firmen stehen vor dem Aus, und der Arbeitsmarkt wird so drastisch liberalisiert und europäisiert, dass die führenden Gewerkschaften für Ende Januar den Generalstreik ausgerufen haben.

Oppositionsführer Aznar betrachtet einen Generalstreik als sinnlos, er prophezeit einen baldigen Regierungswechsel und empfiehlt, mehr zu arbeiten und mehr zu sparen. Wo arbeiten? Was sparen? Längst wird jedes Budget dreimal durchgekämmt und zerpflückt. Auch bei der Polizei. Die Guardia Civil rückt, um Benzingeld zu sparen, nur noch in Extremfällen im Patrouillenwagen aus. Schon ist es vorgekommen, dass jemand, der nach einem Einbruch eine Anzeige erstatten wollte, die Polizisten selber an den Tatort fahren musste.

(Dezember 1993)

# Barcelona – Spaniens selbstbewusste Stieftochter
*Ein vorolympischer Stadtbericht*

Plötzlich drängt sich die Menschenmenge auf dem Platz zusammen. Eine Mitte entsteht. Sechs kräftige Typen heben drei andere kräftige Typen auf die Schultern. Auch diesen steigen jetzt zwei Männer auf den Buckel. Die Menge rauft sich zusammen, gibt ihrer Mitte Halt. Und schon steigt noch einer hoch und noch einer. Ein Menschenturm. Sechs Mann hoch. Jetzt klettert noch ein wendiger Junge hinauf. Unter Jubel und Applaus breitet er seine Arme aus.

Nein, kein Zirkus. Türme bauen ist ein katalanischer Volkssport. Unerlässlich dazu ist die Fähigkeit, zusammenzuhalten. Kraft und sture Hartnäckigkeit sind erforderlich. Ohne Besonnenheit wäre diese Herausforderung der Schwerkraft lebensgefährlich.

Und wie sie täglich überall in der Stadt zusammen tanzen: Die Musik ist verhalten, die Instrumente sind aussergewöhnlich. Alt und jung, jeder, der will, stellt sich in einen Kreis, tanzt mit und geht wieder seines Weges. Der Tanz heisst Sardana, er ist Ausdruck katalanischer Eigenständigkeit, war deshalb während der Franco-Diktatur verboten. Mit erhobenen Armen vollführt man in zierlichen Schuhen zierliche Schritte. Die Grundhaltung ist graziös, stumm und stolz.

Bevor ein Katalane bei drei Tropfen Regen ohne Schirm über die Strasse geht, wartet er lieber zehn Minuten in einem Hauseingang. Noch nie hat es ein Katalane in der Stierkampfarena zu erwähnenswertem Ruhm gebracht. Für die Andalusier und ihr feuriges Blut hat er nur ein Lächeln übrig, der kastilische Hang zu Heldentum und Mystizismus, der die Weltgeschichte mitprägte, ist dem Katalanen ein Greuel. Er hat seine Füsse auf dem Boden. Im kastilischen Madrid sieht er nur den verhätschelten Halbbruder des tüchtigen Barcelona, denn Spanien als Ganzes ist für ihn nichts anderes als eine zickige Stiefmutter. Mit einem seiner Vornamen heisst ein echter Katalane nach seinem katholischen Schutzpatron Jordi.

Der traditionelle Name von Frauen lautet makabrerweise Montserrat. So heisst die wohl berühmteste Katalanin, die Sopranistin Montserrat Caballé, und so heisst das Kloster auf dem Montserrat, auf dem «zersägten Berg», wo sich Kataloniens heilige Jungfrau befindet. Die Katalanin hat für Spanien zwar ein überdurchschnittlich distanziertes Verhältnis zur Kirche, aber die Jungfrau vom Montserrat, die liebt sie. Die Katalanin gibt sich gerne urban, ist klug, unabhängig und selbstbewusst. Sie verkörpert Eigenschaften, von denen viele Frauen Spaniens noch nicht einmal träumen. Stammt die Katalanin aus dem Grossbürgertum, kann sie sich in ihrer Sonderstellung unter Umständen derart privilegiert fühlen, dass sie die Kälte, die sie ausstrahlt, glatt für Würde hält.

Die Katalanen lieben die Musik und die Kunst. Sie besitzen mit «La Vanguardia» eine Zeitung von internationalem Format. Sie lesen allgemein mehr als der ganze Rest von Spanien zusammen. Unspanisch sind auch ihre Pünktlichkeit und ihr Drang, in politischen Auseinadersetzungen besserwisserisches Schweigen als Waffe zu benützen.

Die Katalanen vereint ein für Mitteleuropa beinahe unanständig inniges Verhältnis zu ihrer rot-gelb gestreiften Flagge. Obschon ihre Forderungen nachvollziehbar sind, wirkt ihr Nationalbewusstsein anachronistisch. Sie selbst sind überzeugt, damit voll im Trend zur Regionalisierung Europas zu liegen. Seit Francos Tod wird unermüdlich rekatalanisiert. Sie haben die halbe Weltliteratur in ihre Sprache übersetzt, und sie haben die ganze Verkehrsbeschilderung ausgewechselt.

Wer als Fremder anstatt *adiós* und *buenos días adeu* und *bon día* sagt, macht sich in Barcelona auf der Stelle beliebt. Das Bedürfnis der Katalanen, ihre ehemals diskriminierte Sprache zu pflegen, ist so gross, dass sie dem Studium der eigenen Sprache gegenüber demjenigen einer Fremdsprache den Vorrang geben. Keine bessere Visitenkarte als gepflegtes Catalá.

Von fünf neuen Arbeitsplätzen werden in Spanien deren vier von den Katalanen erschaffen. Ihre Tüchtigkeit als Geschäftsleute und ihre unternehmerischen Fähigkeiten werden zwar geachtet, sogar bewundert, liegen aber so hoch über dem spanischen Durchschnitt, dass sich der Volksmund die neidvollen Witze nicht verklemmen kann. Wie kriegt man zehn Katalanen in einen winzigen Seat 600? Man legt 1000 Peseten auf den Rücksitz.

Der Katalane kontert mit Verachtung. Er hält Barcelona für die südlichste Festung des zivilisierten Europa. Ein paar Kilometer ausserhalb beginnt für ihn das dunkle, wilde Afrika.

★

Den Strand mit den kleinen Läden und Kneipen fanden sie absolut hinreissend. Ihre Bewunderung für Gaudí und für Picasso kenne keine Grenzen.

So ganz europäisch, wie sich diese Stadt selbst sehen möchte, ist sie vermutlich zu ihrem eigenen Vorteil doch noch nicht. Noch liegt sie am Mittelmeer, ihre Zukunftsgläubigkeit ist uneuropäisch ungebrochen. Und wenn sich das reiche Katalonien auch gerne mit seinen Sonderverträgen mit Deutschlands Musterknaben in Baden-Württemberg brüstet, für einige Zeit liegt Barcelona noch auf einem anderen Kontinent als beispielsweise Stuttgart oder Zürich.

Bei der Anreise wird einem Fluggast der Iberia nicht entgehen, dass sein Sitz durchgesessen ist, dass sich bei der Abfertigung der Computer beispielsweise gerade geweigert hatte, die Nichtraucher vor den Rauchern zu schützen, und dass der Steward, der ordnend eingreifen muss, seine Mütze eben doch etwas schiefer auf dem Kopf, das Schild etwas tiefer im Gesicht trägt, als man das allgemein gewohnt ist. Die Lautsprecheranlage stört natürlich, das schwerverständliche Englisch ist gebrochen, alles andere Nicht-Spanische ist inexistent. Gäbe es eine katalanische Fluglinie, würde sie sich bemühen, diese angenehm entspannende Mischung aus Charme und Inkompetenz, die jede Iberia-Crew so grosszügig und wohltuend verbreitet, auf der Stelle mitteleuropäischer Perfektion anzupassen. Und vermutlich würde eine katalanische Fluglinie Sicherheitsvorschriften ausschliesslich auf katalanisch verkünden.

Der eben fertiggestellte, von Ricardo Bofill konzipierte Flughafen scheint nur aus Licht und Leichtigkeit zu bestehen. Die Luft ist plötzlich salzig und sehr feucht. Es riecht nach Süden, es riecht nach Barcelona. Nein, ganz so unverwandt geradeaus wie in Zürich oder in Stuttgart braucht man nicht mehr zu schauen. Die Leute anzugucken ist weder unhöflich noch gefährlich. Der private Auftritt auf der Bühne der Öffentlichkeit wird ausgekostet. Man wirft sich in Pose, macht vor, ahmt nach, wirkt.

Aber mit dem ausnahmsweise lückenlosen Funktionieren der Rolltreppen und Förderbänder zum Bahnhof ist nicht zu rechnen. Um in dem für Gepäckwagen nicht geeigneten Übergang schweisstreibende Anstrengungen zu vermeiden, ist für eine Fahrt ins Zentrum dem Taxi der Vorzug zu geben.

Wer mit dem Zug nach Barcelona reist, kommt nicht darum herum, den anstrengendsten und unpraktischsten Bahnhof, den man sich überhaupt vorstellen kann, kennenzulernen. Barcelona Sants ist ein grössenwahnsinniger Protzbau, von Architekten hingeklotzt, die es vermutlich wie viele Spanier unter ihrer Würde betrachten, selbst einmal in einen Zug zu steigen, deshalb keine Ahnung haben, worauf es bei einem Bahnhof ankommt. Der Gang zum Schalter wird hier zum langen Marsch. Gepäckwagen gibt es nicht. Jahrelang gab es nicht einmal Schliessfächer, keine Möglichkeit, einen Koffer aufzugeben, was bei den üblichen Verspätungen und den ohnehin schlecht koordinierten spanischen Fahrplänen manch einen Reisenden an seine Habseligkeiten fesselte und diesen Bahnhof verfluchen liess.

In der Stadt selbst unternimmt Barcelona gewaltige Anstrengungen, den öffentlichen Verkehr europäischen Verhältnissen anzugleichen. Zwar fallen die Taxis oft wie Wespenschwärme schwarz-gelb in die Strassen ein, aber auch Busse tauchen mit computergesteuerter Regelmässigkeit an den Haltestellen auf. Die Metro kann sich neben jeder anderen sehen lassen. Weltspitze ist aber der Privatverkehr. Er blüht uneingeschränkt. Bei der unkritisierten Popularität des Autos geniessen in Barcelona täglich Millionen von Menschen die wunderbare Freiheit, mitten in den grössten Staus zu fahren.

Auf sechs bis zwölf Spuren stehen die Wagen oft vom Zentrum bis in die Vorstädte hinaus aufgereiht nebeneinander.

Auf der Diagonal, der ehemals nach dem Generalissimo Francisco Franco benannten Prachtstrasse, so weit das Auge reicht ein herrlich unbewegtes Meer von bunten Blechdächern. Die Luft ist zum Umfallen, den Motor abzustellen ist noch nicht üblich, es dreht aber niemand durch, Hupkonzerte bleiben aus. Man hockt rauchend im Wagen und lässt sich übers Radio schildern, wie hoffnungslos man auch heute wieder festsitzt.

Wie ein echt katalanischer Grossstau entsteht, kann in jedem grossflächigen Supermarkt unter Laborbedingungen beobachtet werden. Es gibt nichts Unbeholfeneres als einen spanischen Mann beim Einkaufen. Er fühlt sich permanent auf Frauenterritorium ertappt. Zum Wagenschieber erniedrigt, lässt er keine Gelegneheit aus, seinen Karren in jede noch so enge Lücke zu schieben; um der ganzen Familie seine Manövrierfähigkeit vorzuführen, entgeht ihm kein Engpass, umfährt er kein Durcheinander. Oft beweist er seine Wendigkeit, bis mehrere Einkaufskarren an den Fahrgestellen so hoffnungslos ineinander verhakt sind, dass kein Rütteln und Zerren und Fluchen mehr hilft.

Registriert sind in Barcelona über eine Million Fahrzeuge. Davon werden in der Region täglich 27 geklaut, nicht selten mit bewaffnetem Direktangriff auf den Fahrer. Im gleichen Zeitraum werden durchschnittlich 36 andere Autos als Wracks am Strassenrand ihrem Schicksal, somit dem bereits von Parksündern überforderten Abschleppdienst überlassen. Um sich vor Parkplatznot, vor Vandalen und Dieben zu schützen, kauft sich gegenwärtig jeder und jede nach Möglichkeit einen Einstellplatz, für welchen oft ein ähnlicher Preis bezahlt wird, wie vor etwas mehr als zehn Jahren für eine kleine Eigentumswohnung.

Allerdings beginnt sich ein bescheidener Bewusstseinswandel in Mobilitätsfragen abzuzeichnen. Bürgermeister Pasqual

Maragall, der so beliebt ist, dass sich gegenwärtig kein namhafter Politiker in einer Wahl gegen ihn verschleissen lassen will, stellt sich den Fotografen am liebsten auf seinem Fahrrad. Wo er nur kann, propagiert er Bahn und Bus. Und endlich sind Alkohol am Steuer und Barcelonas unübertrefflicher Lärm ein Thema, das sich in neuen Gesetzen niederschlägt. Die Stadtpolizei rühmt sich, Tausende von zu lauten Motorrädern aus dem Verkehr gezogen zu haben. Andererseits wurde letztes Jahr vor den Toren der Stadt mit dem Grossen Preis von Spanien eine neue, ultraschnelle Formel-1-Piste eingeweiht. Und dies, obschon an einem einzigen Wochenende ein Dutzend Menschen auf Kataloniens Strassen den Tod finden.

★

Wildenten und Fasane an Haken, die quer durch die Köpfe gehen. Aufgeknüpft an den Hinterläufen daneben Hasen im Fell. Ein silberner Fisch in der schuppenverklebten Hand der Marktfrau. Langusten, Krebse, Muscheln. Adrette Verkäuferinnen wägen und lachen. Gewürze jeder Art, geschmackvoll aufgeschichtete Berge von Tomaten, Artischocken, Orangen. Üppiger Überfluss in La Boquería, dem zentralen Markt der Stadt.

Nicht dass man in Barcelona allgemein besser essen würde als anderswo. Die eher unbedarfte Hauskost muss auch hier mit den als Tapas bekannten Häppchen aufgebessert werden, die meistens lieblos hergerichtet, jeder Spucke und allem Rauch ausgesetzt, in den Kneipen auf den Theken stehen. Es gibt auch malerische Schenken, Bodegas genannt, in welchen Spezialitäten wie Innereien oder Schweinefüsse und Schafsköpfe in deftigen Hauptgängen zu vorzüglichen Landweinen gereicht werden.

Man darf sich auch nicht wundern, wenn ein Kellner, der eben seinen schmutzigen Daumen aus der Suppe zog, sich zwar höflich entschuldigt, aber keinen neuen Teller bringt. Der Berufsstolz eines spanischen Kellners braucht sich auch in Barcelona nicht auf besondere Fähigkeiten zu stützen. Eine schwarze Hose und eine weisse Weste genügen.

Eine kulinarische Besonderheit ist *pan con tomate*, mit dem Fruchtfleisch frischer Tomaten bestrichenes Weissbrot. Ohne dieses Brot können sich die Katalanen in entscheidenden Augenblicken so unwohl fühlen wie die Bayern bei Brezel ohne Bier. *Pan con tomate* ist heilig.

La Boquería, der oft besungene Markt der Märkte, reflektiert aber auch die Kunst, die Barcelona hervorgebracht, und die Geschichte, die es durchlebt hat. Hier zwischen den Frucht- und Gemüsebergen leuchtet die Palette des Modernismo. Hier sind alle Farben und viele Motive vereint, die in Gemälden und Mosaiken an Barcelonas eigenwilligsten Bauten aus den Anfängen dieses Jahrhunderts weltweit wachsende Beachtung finden.

Dieser Markt, in welchem edelstes Wild wie Speckseiten herumhängt, zeugt mit seiner Fülle von traditionellem Reichtum; seine Vielfalt ist auch die Vielfalt der Stadt. Barcelona ist eine multikulturelle Klassenstadt. In gewaltigen Wachstums- und Industrialisierungsschüben setzte sich ein erstarktes Bürgertum von der spanischen Oligarchie ab, um fortan nicht nur Enten, sondern riesige Schwärme von Immigranten zu rupfen.

Generationen von landlosen Bauern träumten von Barcelona wie von Amerika. Diese Stadt versprach Arbeit, was oft nichts mehr als wenigstens die Erlösung vom Hunger bedeutete. Noch heute wird der Anteil der nichtkatalanischen Bevölkerung auf über vierzig Prozent geschätzt.

Zeitweise explosives Wachstum verschaffte die Gegensätze. Das Bürgertum entzog sich den alten feudalen und ländlichen Strukturen, die Kirche herrschte aber weiter im alten Stil und vertröstete die Massen auf die Gerechtigkeit im Himmel. Freidenker und Sozialrevolutionäre von Weltbedeutung tauchten auf. Anarchistische Gewerkschaften verbreiteten utopisches Denken. Periodisch kam es zu Volksaufständen. Bei einem der Attentate liess ein Anarchist seine Bombe im Opernhaus hochgehen: mitten in einer Aufführung von «Wilhelm Tell».

In «Homage to Catalonia» beschreibt George Orwell die revolutionäre Zeit vor dem Bürgerkrieg, als 1934 innerhalb der spanischen Republik der katalanische Staat ausgerufen wurde. Orwell schwärmt von verbrüderten Massen, von einem rot und rot-schwarz beflaggten Barcelona der offenen Türen, in dem jeder jedem in die Augen schauen konnte. Noch gibt es Augenzeugen, die von hervorragend funktionierenden kollektivierten Betrieben erzählen. Das war die Zeit des Anarchisten Durruti, der zum Symbol eines neuen Spanien wurde.

Heute geniesst ein Arbeiter in Barcelona längst einen mitteleuropäischen Lebensstandard. Um ihn halten zu können, braucht er aber immer häufiger einen zweiten Job oder wenigstens einen schwarzen Nebenverdienst. Nur so reicht es aus für Auto, Fussballabonnement und Familienurlaub am Meer.

★

Das Stadion ist ein Berg aus Beton, die Aufgänge in seinem Innern sind rauhe, graue Stollen voller Schleusen aus Eisen. Die Treppen nehmen kein Ende, führen immer weiter hinauf, bis plötzlich das Flutlicht blendet und sich ein Tal ausbreitet. Die Abhänge sind gelb, rot und grün bestuhlt, auf dem Talboden leuchtet der tadellose Rasen. 120 000 Zuschauer fasst das Camp Nou, das Stadion des FC Barcelona.

Es ist Samstagabend, mit den Fussballbeilagen der Zeitungen unter die Arme geklemmt strömen hier die Massen zusammen, für ein paar Stunden bildet der Fussball das Zentrum der Stadt. Der billigste Eintritt kostet 30 Franken. Das applaudierfreudige Publikum geht gleich von Anfang an mit, pfeift, schreit, feuert an: *Barça! Barça! Barça!* Bei jeder Gelegenheit pfeift es den Schiedsrichter aus, gibt sich absolut parteiisch, hier darf man bedingungslos und ungehemmt nationalistisch sein.

Der FC Barcelona spielt jedesmal um die Ehre von ganz Katalonien. Die Kastanien sollen die grössten Stars der Welt aus dem Feuer holen. Johan Cruyff und Maradona mühten sich hier ab, um einem unbegrenzt anspruchsvollen Publikum zu genügen. Weil Maradona zu wenig Tore schoss, fiel er bald in Ungnade. Mit Ausländern ist man hart, liebt aber die verlässlichen und unermüdlich arbeitenden Basken wie Zubizarreta, Goikoetxea und Begiristain.

Als Exponent katalanischer Nationalgefühle vermag der FC Barcelona nicht alle Fussballbedürfnisse abzudecken. Beamte der Zentralregierung, Polizisten, Angestellte der Armee und viele Zugewanderte schenken ihre Sympathie dem zweiten Grossklub der Grossstadt. Er heisst bezeichnenderweise FC Español und pendelt seit Jahren zwischen den zwei obersten Spielklassen hin und her.

Ausser für Touristen, ist auch der Stierkampf eine Attraktion nur für Zugewanderte. Der urbane Katalane rümpft bei dieser «Barbarei» lediglich die Nase. Katalonien gab sich denn auch als erste autonome Gemeinschaft Spaniens ein Tierschutzgesetz nach europäischem Muster. Deswegen ist Barcelona noch längst keine Stadt von Tierfreunden und -freundinnen: vor dem Anbruch der grossen Urlaubszeit im

August werden jedes Jahr Hunderte von Hunden und Katzen in den Strassen sich selbst überlassen.

★

Wenn ein alleinstehender Mann in einem Dorf im Hinterland von Barcelona eine Reise in die Stadt ankündigt, heisst es hinter vorgehaltener Hand, der gehe wohl seine Flinte putzen. 3000 Prostituierte zählt Barcelona. Viele von ihnen warten im hafennahen Barrio Chino auf ihre Kunden. In diesem berüchtigten «chinesischen Viertel» befand sich einst auch jenes Bordell, das Avignon hiess und das von Picasso mit dem Bild «Les Demoiselles d'Avignon» verewigt wurde.

Heute wohnen hier in zum Teil baufälligen Häusern mit zerschundenen Fassaden und unter misslichsten hygienischen Umständen illegal eingereiste Nordafrikaner und andere Aussenseiter dieser sonst so modernen und zukunftsorientierten Stadt. Man weiss von verlotterten Dreizimmerwohnungen, in welchen sich fünfzehn bis dreissig Peruaner zusammendrängen. Sie gehören zu den Banden von Wegelagerern, die auf den Autobahnen Touristen überfallen, um ihre in Peru hungernden Familien zu ernähren.

Und hier kniet eine junge Frau in einem Hauseingang am Boden. Sie sticht sich gerade eine Spritze in den Unterarm. Auf der Strassenseite gegenüber hängt ein riesiges Aidsplakat, das zum Gebrauch von Präservativen auffordert. Und vielleicht wäre in der Nähe auch eine jener Apotheken Barcelonas zu finden, die, «um das sündige Leben nicht zu fördern», Präservative nur gegen Arztrezept verkaufen.

Es gibt in Barcelona nicht wenige kritische Stimmen, welche die offizielle Politik der Stadt als «Entwicklungstriumphalismus» taxieren. Sie beklagen, dass unter dem Einfluss des grassierenden Olympiafiebers soziale Probleme bagatellisiert und zwingend anstehende Reformen aufgeschoben werden.

Bürgermeister Maragall und seine regierenden Sozialisten lassen sich jedoch kaum beirren. Erstens ist «Brot und Spiele» in Spanien immer eine vorzügliche Karte. Das wusste schon Franco, der die Spanier mit Festen, Stierkämpfen und Fussball unentwegt ausspielte. Zweitens wurden mit der grössten Bautätigkeit seit dem Abriss der alten Stadtmauer 80 000 neue Arbeitsplätze geschaffen, und drittens gelang es den geschäftstüchtigen Katalanen, ihre Steuerüberschüsse aus Madrid zurückzuholen. Die Zentralregierung trägt bis zu fünfzig Prozent der Gesamtkosten, denn die Weltöffentlichkeit wird ihre Aufmerksamkeit auch auf Spanien als Ganzes richten, und schliesslich gilt der Grundsatz: Was gut ist für Barcelona, ist gut für Katalonien, und was gut ist für Katalonien, ist gut für Spanien.

So verpasst sich Barcelona im Schlepptau von Olympia auch gleich eine überfällige Stadterneuerung im Schockverfahren. Anstatt langsam und schmerzvoll wird die Stadt kurz und heftig ins nächste Jahrhundert katapultiert. Die eigene Prosperität und das katalanische Bedürfnis nach nationaler Identität zeigen allerdings auch alttestamentarische Züge: Und sie nahmen Ziegel als Stein und Erdharz als Mörtel und sprachen: Wohlauf, lasst uns eine Stadt und einen Turm bauen, dessen Spitze bis in den Himmel reiche, damit wir uns einen Namen machen; denn wir werden sonst zerstreut in alle Länder.

(April 1992)

# Der Ball ist rund wie die Welt
*Fussball – mehr als ein Spiel*

Drei Verteidiger liess er im Regen stehen, und Millionen von Fernsehzuschauerinnen und -zuschauern hielten den Atem an. Mit seinem Tor für Borussia Dortmund schoss er den FC Zaragoza aus dem Uefa-Cup. Seither ist Chapuisat in Spanien neben Rominger der bekannteste Schweizer. Sehr angesehen, ebenfalls aus fussballerischen Gründen, ist neben Genf und Zürich übrigens eine gewisse Stadt mit dem Namen Xamax.

Man mag Fussball lieben oder hassen, ignorieren kann man ihn in Spanien nicht. Seine gesellschaftspolitische Bedeutung lässt sich unter anderem mit der Tatsache illustrieren, dass hier bei Schlafstörungen nicht mehr Schäfchen gezählt, sondern die Spieler der bekannten Mannschaften in der aufstellungsgerechten Reihenfolge heruntergeleiert werden. Es sind auch die Fussballspieler und nicht die Filmstars, die beim Definieren eines Typs als Referenzen dienen. Wie sieht der neue Freund aus? Ist es der Romario-Typ, oder gleicht er eher Guardiola? Wer nicht weiss, wie Butragueño aussieht und wofür er steht, kann leicht in Missverständnisse verwickelt werden.

Butragueño ist blond wie der spanische Adel, und er war Mittelstürmer von Real Madrid. Er markiert also das Zentrum des Fussballvereins jener Stadt, die einst genau im geographischen Zentrum des Landes gebaut worden ist. Den Befehl gab ein egozentrischer König; wer sonst hätte auf die Idee kommen können, mitten in einer höchst ungastlichen und nur beschränkt fruchtbaren Hochebene eine Hauptstadt errichten zu wollen? Stur hat sich der Zentralismus über die Jahrhunderte gehalten, und nicht weniger stur dreht Butragueno seit Jahren bei Real Madrid seine zentristischen Kreise. Seine technisch gut fundierte Fähigkeit, unermüdlich auf Abpraller zu lauern, um diese kaltblütig in Tore und Punkte zu verwandeln, hat ihm nicht nur Geld und Ruhm, sondern auch den Übernamen «Der Geier» eingebracht.

Natürlich gab es für die Spanierinnen und Spanier in Madrid schon vor der gegenwärtig aufschäumenden Welle von Korruptionsskandalen noch andere Geier. In Madrid nisteten die Steuergeier, von Madrid aus setzten die Rachegeier Francos zu ihren manchmal tödlichen Flügen an. Und noch gibt es Leute, die nicht vergessen, dass Franco die Elf von Real Madrid als Aushängeschild liebte und förderte.

Deshalb spielt der FC Barcelona in einem Spiel gegen Real Madrid nicht einfach um zwei Punkte für die Meisterschaft. Verfolgt von Millionen am Fernsehen und vor oft über 100 000 Zuschauern und Zuschauerinnen im Stadion misst sich jedes Mal die Peripherie mit dem Zentrum. Spezialisten behaupten, das zeige sich auch im Spiel. Die Katalanen der Peripherie gewandt und elegant, Real Madrid dagegen stur und pragmatisch.

Barcelona, der grösste Sportklub der Welt, erlaubt es sich, mit seinen Farben nur für sich selbst Werbung zu machen, kein Firmenname ziert die Hemden der Spieler. Ausser die eigenen Kassen zu füllen, obliegt dem FC Barcelona nämlich noch die Aufgabe, Kataloniens Autonomiebestrebungen zu befriedigen und wann immer möglich das katalanische Selbstbewusstsein zu stärken. «FC Barcelona, mehr als ein Klub!» lautet der eigene Werbeslogan.

Es überrascht deshalb nicht, dass viele SpanierInnen, ungeachtet ihres Wohnortes und ihrer Anhängerschaft zu irgendeinem lokalen Klub, auch noch ihre Vorliebe für einen der ganz Grossen zu Schau tragen. In vielen Kreisen gehört dieses Attribut so unabdingbar zur Identität wie die Einkommensklasse oder die soziale Herkunft. Die einen fragen eine neue Bekanntschaft nach dem Sternzeichen, die andern, ob Mann oder Frau, nach «ihrem» Klub.

Natürlich lässt sich der spanische Fussballzuschauer und die Fussballzuschauerin nicht im Stil von Onkel Umberto (Eco) als Sklave oder Sklavin eines sich ewig und stumpfsinnig wiederholenden Schauspiels abqualifizieren. Wer einem wichtigen Spiel selbst beiwohnt, bemerkt, dass er gar nicht unter ZuschauerInnen ist. Letztere sitzen vor den Fernsehern; wer aber die happigen Eintrittspreise bezahlt, der bringt ein Opfer und wird zum Zeugen, nimmt Teil an einem Vorgang, den er für Geschichte hält und der manchmal als Teil der sich unermüdlich und unüberprüfbar ausgleichenden politischen Gewichte und Gegengewichte tatsächlich als Zeitgeschichte betrachtet werden kann.

Ein Sieg Barcelonas über Real Madrid wird denn auch regelmässig in Dimensionen gefeiert, die eher auf eine Unabhängigkeitserklärung als auf einen Fussballsieg schliessen lassen.

Ebenso grosse Volksfeste brechen jeweils auch an einem ganz andern Punkt der spanischen Peripherie aus. Seit wenigen Jahren werden die beiden grossen Vereine des spanischen

Fussballs von dem kleinen Deportivo La Coruña herausgefordert oder gar, wie in der Saison 1993/94, bis zur allerletzten Minute der über neun Monate dauernden Meisterschaft in Schach gehalten. Ein von Coruña nicht verwandelter Penalty machte schliesslich Barcelona zum Meister.

La Coruña liegt im ärmsten Teil Spaniens, in Galicien, einer Region, die wie Katalonien eine eigene Sprache spricht und sich genauso unermüdlich gegen das Zentrum behaupten muss. Seit dem Höhenflug von «Super Depor», wie der Klub, der 1995 die Meisterschaft wiederum als zweiter abschloss und dazu den Landespokal holte, von seinen Fans genannt wird, soll eine «Epoche des Stolzes» ausgebrochen sein. Der FC Barcelona landete diesmal noch hinter La Curuña.

Auf die nächste Saison muss sich auch der Katalane Manuel Vásquez Montalbán vertrösten lassen, seines Zeichens Romancier, Krimiautor und unermüdlicher Kolumnist. Warum liebt der Barca-Fan den Fussball? Weil er findet, dass Intellektuelle ähnlich wie die Arbeiter und Arbeiterinnen selten genug dazu kommen, Kollektivsiege zu feiern. «Ich gewann das letzte Mal mit den Sandinisten», sagt er und bleibt seinem FC Barcelona treu, der tapfer weiter gegen Madrid ankämpfen wird.

(Mai 1994)

# Schnitt und Punkt
*Eine Grenzbeschreitung im Süden Europas*

*Tarifa*

«Weisst du, wo Pepe zu finden ist?» – «Welcher Pepe?» – «Pepe der Nasse.»

Der Nasse? *El espalda mojada*. Man nennt diese Leute hier also die Nassen. Zwei Spanier geben Auskunft. Sie waschen beim Rot-Kreuz-Posten die Ambulanz, sie sind gut gelaunt. Sie leisten ihren Zivildienst. Gut gelaunt sind sie, weil es gleich in den Ausgang geht.

«Hat denn niemand Pepe gesehen?» Ein dritter zeigt sich in der Tür des Postens. Er hat Rasierschaum im Gesicht, ist trotzdem gesprächig. Wie diese nassen armen Teufel hier manchmal ankommen! Zerlumpt, ausgehungert, verletzt! Die Polizei bringt sie her. Wer unterkühlt ist, wird aufgewärmt. Dann wird sofort repatriiert, oder es geht für vierzig bis fünfzig Tage ins Bezirksgefängnis von Algeciras.

Algeciras ist arabisch und bedeutet grüne Insel. Pepe den Nassen hat man auf diesem Posten besonders gut behandelt. Auch deshalb ist er in der Region geblieben. Illegal zwar und mit falschem Namen. Mittlerweile hat es Pepe in die nationale Presse geschafft. Man nennt ihn auch Pepe den Libyer, obschon er natürlich kein Libyer ist.

Pepe ist einer von Tausenden von Schwarzen, die sich in Spanien als Hausierer durchzuschlagen versuchen. In einer aufklappbaren Werkzeugkiste tragen sie allerlei Kleinkram, auch Billiguhren, Schmuck und Nagelscheren, überall dorthin, wo es Leute gibt. In Tarifa kennt man Pepe. Man mag ihn, man lacht mit ihm und kauft ihm auch immer mal was ab.

Bevor Pepe nur rund zwanzig Kilometer von Tarifa entfernt, aber auf der «anderen Seite», in ein kleines Boot von zweifelhafter Seetüchtigkeit gestiegen ist, hatte er auf seiner Flucht durch verschiedene afrikanische Länder zu Fuss die Wüste durchquert. Er hat es geschafft, zwei Freunde sind auf der Strecke geblieben.

Von Tarifa aus sieht man die andere Seite gut. Sie ist auch bei winterlich grauem Wetter schön und geheimnisvoll. «Die Berge Afrikas» wird dieser Postkartenblick genannt. Und täglich um sechs Uhr abends kommt aus Afrika auch eine Fähre nach Tarifa. Die Fähre «Idriss I» wird im Hafen von auffallend vielen uniformierten Männern empfangen. Auf den ersten Blick stehen sie wie zufällig herum, dann wird klar, dass sie strategisch plaziert lückenlos und doppelt jeden Ausgang sichern.

Die Mehrheit der Passagiere besteht offensichtlich aus Touristinnen und Touristen. Zurück von einer Tagestour nach Tanger gehen sie mit ziemlich gelangweilten Gesichtern von Bord. Einige bringen afrikanische Trophäen mit: eine Zinnkanne, einen bunten Korb, einen Teppich, einen Säbel, Taschen aus Leder. Auf einer der Fähren kommt es bestimmt auch heute vor, doch hier und jetzt wird kein blinder Passagier geschnappt. Es gibt keinen tollkühnen Sprung auf den Pier, keine Hetzjagd durch den Hafen. Die Polizei widmet sich bereits der Kontrolle der Wagen, die aus dem Rumpf der Fähre auf die Rampe fahren.

Ein holländischer Kleinbus wird zur Seite gewinkt. Später wird er bei der Hafeneinfahrt systematisch durchsucht und in seine Einzelteile zerlegt. Drei Jungs und ein Mädchen stehen ratlos dabei, kratzen sich die edel gebräunte Haut, raufen sich die Haare. Ihre Mähnen sind üppig. Ein Polizist lobt und tätschelt einen Drogenhund.

Auf dem Asphalt ausgebreitet liegen neben Surfbrettern komplette Campingausrüstungen, auch Taucheranzüge und unzählige Taucherbrillen, dann Kameras, Radios, ein Fussball, Spielzeuge und Habseligkeiten jeder Art. Was EuropäerInnen so brauchen in Afrika, beansprucht auf der Strasse ausgelegt rund zwei Dutzend Quadratmeter Platz.

Die Kinder der andern Seite, die sich immer öfter in der Ladung von TIR-Lastern oder direkt in den Fähren verstecken, reisen dagegen ohne Gepäck.

«Diese Kinder erliegen einem zweifelhaften Traum», sagt ein marokkanischer Matrose auf dem Weg vom Hafen in die Stadt. Der Matrose ist hager, und er geht, wie man auf der andern Seite geht. Bei aufrechter Haltung haben seine Schritte etwas Zögerndes, als hätte er Angst zu stolpern. Erst beim Mitgehen bemerke ich, wie entschlossen und ausgreifend diese Schritte wirklich sind. Er sagt, der grösste Märchenerzähler sei heute das Fernsehen. Bevor er auf der «Idriss I» angeheuert hat, ist er mehrmals rund um die Welt gekommen. Oh, er, er weiss, «dass es in allen reichen Ländern ebenfalls grosse Armut gibt, aber diese Kinder aus Marokko, die wissen es nicht. Die schauen sich jetzt dauernd diese spanischen Sender an, die sie nicht einmal verstehen. Und sie sehen, wie ihr angezogen seid. Sie sehen eure Autos, und sie wissen, dass es zu so etwas dort drüben niemals reicht. Nicht für sie.» Dazu schaut der Matrose zurück über seine linke Schulter, zurück über die Meerenge, zurück auf die Berge Afrikas.

Ebenfalls mit Blick auf Afrika und in sicherer Nähe der Guardia Civil stehen auf dem fast leeren Parkplatz beim Strand zwei Wohnmobile aus Belgien. Hinter unverhängten Fenstern mobile Gemütlichkeit. Wie zu Hause in der guten Stube sitzt man am Rande des Kontinents beim Nachtessen und sieht dank Satellitenschüssel ebenfalls fern.

Bei der Guardia Civil, bei Spaniens internierter Polizei, bleibt die Wache vor der Kaserne hart: «Nein, es ist sinnlos, weitere Fragen zu stellen. Auskunft gibt es nur nach Voranmeldung. Und nur nach Vorsprache beim Provinzstatthalter in Cádiz.» – «Aber wo sind diese Immigranten denn, die in den letzten Tagen dutzendweise aus dem Meer gefischt und an den Stränden abgefangen wurden?» «Dürfte ich Sie bitten, das Areal der Guardia Civil jetzt zu verlassen!»

Sonst ist die Stimmung angenehm. In Tarifa scheint das Leben ein Spaziergang zu sein. Putzige weisse Häuser säumen die Strassen und Plätze, auf denen sich wohlgenährte Kinder tummeln. Architektonisch ist Tarifa unverwüstet. Der Wind vom Atlantik her, der zeitweise zum Orkan anschwillt, hat den Ort vor den üblichen touristischen Schandbauten bewahrt. Im Hinterland wurde diesem Wind dafür Europas grösste äolische Versuchsstation entgegengebaut. Scheinbar endlose Reihen von Windmühlen ziehen sich durchs Küstengebirge.

Natürlich ist Tarifa auch ein Surferparadies. Neben einem Strassencafé haben Franzosen und Französinnen ihre Autos mit den bunten Brettern darauf geparkt. Sie räkeln sich gelangweilt um zwei Tische. Pepe der Libyer versucht gerade mit ihnen ins Geschäft zu kommen. Dabei haben sie alle schon sehr edle Uhren, die Frauen so wunderbaren Schmuck.

Erst als Pepe seinen Werkzeugkasten zusammenklappt und lachend zum nächsten Café schlurft, kommt der Kellner noch einmal an meinen Tisch. Auf meine Fragen vorhin hatte er nur zurückhaltend reagiert. «Wenn du wirklich interessiert bist», sagt er, «dann musst du heute nacht so um halb zwei in Richtung Cádiz der Küste entlangfahren und auf das Meer hinausgucken. Dann wirst du jede Menge Nasse sehen. *Es horroroso!* Grauenerregend. Seit es auch auf der anderen Seite spanische Küstenpatrouillen gibt, hat es etwas nachgelassen. Aber auch so kommen viele durch. Du siehst plötzlich fünf oder sechs Schiffe unter dem Mond. Alle viel zu tief im Wasser, weil sogar in einem Ruderboot bis zu vierzig Leute sitzen. Und wie sie in die Nähe des Strandes kommen oder wenn die Polizei aufkreuzt, springen sie von Bord, kämpfen sich an Land und verschwinden im Gelände. *Es horroroso!* Ohne irgend etwas, durchnässt und meistens barfuss. Nur der Hunger treibt sie manchmal in die Dörfer im Gebirge.»

In dieser unruhigen Januarnacht tut sich aber nichts. Auf der andern Seite funkeln die Lichter von Tanger, und die Umrisse der Berge Afrikas drohen schwarz. Das Meer bleibt dunkel und leer. Bei einer Bar an der Küstenstrasse ist noch Licht. Landrover und andere Wagen, wie sie die Bauern dieser Gegend fahren, stehen davor. In der vollen Bar ist es rauchig und zerbrechlich still. Man spielt Karten um hohe Einsätze.

*Ceuta*
Die Fähre im Hafen von Algeciras heisst «Punta de Europa». Ihre Motoren dröhnen, aber noch kriechen weitere Sattelschlepper an Bord. Dazwischen auch ein Personenwagen mit einer gigantischen Ladung ganzer und demontierter Fahrräder auf dem Dach. Der Aufbau ist grösser als der Wagen selbst. Ein anderer hat einen Berg Spülbecken von der Grösse eines Heufuders geladen. Und auf Deck plötzlich eine Vielfalt

der Sprachen. «Hast du ein Foto gemacht?» fragt eine Frau auf französisch. Das Licht sei *«pas bonne»*, antwortet der Mann. Die Frau protestiert: *«Il le faut absolument!»* Schliesslich reise sie zum ersten Mal nach Afrika.

Die Aussicht beeindruckt auch bei schlechtem Licht. Links und rechts die Erhebung zweier Kontinente, dazwischen unwirklich schroff, scheinbar mitten im Meer, der Felsen von Gibraltar. Alles ist nah. Knapp vierzehn Kilometer breit ist die Strasse von Gibraltar. Der neue Tunnel unter dem Ärmelkanal misst dagegen 54 Kilometer.

Eben braust spitz und schmal ein bestausgerüstetes Schnellboot der Guardia Civil aus dem Hafen. Noch bleibt Zeit, um die Regionalzeitung «Europa Sur» zu lesen. Hier steht, von 2000 in Algeciras registrierten Drogenabhängigen wolle über die Hälfte an einem Methadonprogramm teilnehmen, aber es stünden nur 44 Plätze zur Verfügung. Man sagt, der Hafen von Algeciras sei inzwischen für Drogen dicht. Aber der Ruf der Stadt bleibt denkbar schlecht. Und weiterhin bedeutet ihr arabischer Name grüne Insel.

Bei der Überfahrt versuche ich mit beiden Ohren, je einen Kontinent zu hören, bestaune den kaum kleiner werdenden Felsen von Gibraltar. Ich denke auch daran, dass diese Meerenge einmal eine Schlüsselstelle für die Jagd auf Unterseeboote war, wie sie es heute für die Jagd auf Immigrantenschiffe ist. Die Strömungen sollen mörderisch sein. Und wie tief ist dieser Graben wirklich?

Andere nutzen die Überfahrt unter Deck zur Erholung und zur Körperpflege. Die Fähre ist voll von übernächtigten Immigranten und Immigrantinnen aus dem Maghreb auf Heim- und Ferienreise. Sie sind die Besitzer und Besitzerinnen der abenteuerlich überladenen Fahrzeuge. Dass sie zum

Fussvolk nördlicher Industrien gehören, ist leicht zu erkennen. In überschwemmten Toiletten werden Kleider gewaschen. Einige Frauen hüllen sich in ihre Dschellabas und schlafen. Sogar dies tun sie mit geheimnisvoller Würde. Mehrere Männer stehen dabei und schweigen. Sie tragen Jacketts und pyjamaähnliche Hosen, auch Wollmützen, und an den nackten Füssen haben sie jene hinten flachgetretenen Schuhe, wie sie auf der andern Seite üblich sind. Allen sieht man die Anstrengungen einer langen Reise an, aber auch Zeichen von Erleichterung. Diese Überfahrt gehört für sie schon zum Ankommen. Auch wenn es noch einmal tausend Kilometer weiter in den Süden geht.

Im Hafen von Ceuta der Lärm eines Luftkissenbootes. Es speedet zurück nach Europa. Und ich versuche, den Wagen mit den meterhoch aufgetürmten Spülbecken beim Verlassen der Fähre zu fotografieren. Sofort steht eine verschleierte Frau mit ausgestreckter, hohler Hand neben mir. Die Augen des Fahrers blitzen.

Zwei Ereignisse fürchten die Menschen in Ceuta: einen Streik der Fischer und hohen Seegang. Beides blockiert die Fähren und isoliert diese alte Festungsstadt, aus der die Spanier gerne ihr Hongkong gemacht hätten. Seit Jahren ist der Hafenumsatz rückläufig. Es wimmelt nicht von Geschäftsleuten, jetzt, ausserhalb der Touristenzeit, wimmelt es von unterbeschäftigten Rekruten. Ceuta hat auch schon als Strafkolonie gedient. Administrativ gehört es heute zur andalusischen Provinz Cádiz. Von dort aus wurde kürzlich die Entmachtung des ziemlich schlitzohrigen Bürgermeisters verfügt.

In Ceuta tragen auffallend viele Männer lange Bärte und Schnäuze von epischen Formen und Dimensionen. Ausgestelltes Gesichtshaar stützt hier eine verunsicherte ethnische

Identität. Auch die Frauen haben ihre Mittel, um ihren moslemischen Mitbürgerinnen etwas entgegenzuhalten: gebleichte Haare, übertrieben westliche Klamotten. Von den 85 000 Einwohnern und Einwohnerinnen Ceutas ist ein Viertel mohammedanisch. Von diesem Viertel sind 75 Prozent arbeitslos.

Als ich frage, ob man hier zu den gleichen Zeiten essen könne wie in Spanien, ernte ich einen verletzten Blick: «Aber das ist Spanien!» lautet die Antwort.

Padre Pepe lädt ein zu Linsensuppe, zu Fisch, zu Fleischklössen mit Salat, zu einer Orange als Dessert. Das gleiche Essen bekommen rund fünfzig Obdachlose, die meisten von ihnen illegale Immigranten und Immigrantinnen vor dem Absprung. Padre Pepe leitet das Aufnahmezentrum der heiligen Jungfrau von Los Angeles. Er ist der gute Mensch von Ceuta. Jeder und jede kennt ihn. Er ist Bruder des Franziskanerordens, ist Spanier und heisst Hermano José Herera-Perez-Blancos. Am Tisch sitzen auch seine Zivildienst leistenden Helfer. Der Besen ist meine Waffe, sagt einer und lacht.

Padre Pepe spricht gerne in Gleichnissen: von den fetten und den mageren Kühen, von vermeintlich auserwählten Völkern, davon, dass Elend mehr Elend bringe. Er redet ruhig, mit klarem Blick. Beinahe zärtlich spricht er von den vielen *negritos*, die geblendet einem falschen Paradies nachjagen, welchen er aber dennoch weiterhilft. Für sie nimmt er auch das Geld in Empfang, das sie sich von Verwandten im Norden für die Überfahrt schicken lassen. Umgerechnet 1000 bis 1500 Franken kostet mittlerweile eine dieser Reisen, die immer öfter nur ins Gefängnis und zum Rücktransport führen. «Ach, was wissen die *negritos*», sagt Padre Pepe, «sie setzen sich sogar zu solchen Gaunern ins Boot, die bei Nacht und Nebel auf dem Wasser eine Schleife ziehen und sie unbemerkt wieder an einem marokkanischen Strand ausladen. Dort rennen sie dann los, zurück ins nordafrikanische Gebüsch! Aber kann man es ihnen verargen? Natürlich träumen sie sogar davon, sich über das Gemüse in den Treibhäusern von Almería zu bücken, wenn sie dort viermal mehr als in Marokko verdienen.»

«Und», fragt Padre Pepe mit dem weisen Lächeln eines altchinesischen Zöllners, «hat etwa der liebe Gott die Grenzen von Europa gemacht?»

*Die Grenze*
Eine Welt hört auf, eine andere beginnt. Ceuta ist eine Insel mit Hafen auf der Schwelle zu Europa. Kein Wunder, dass hier die Zeitung «El Faro», der Leuchtturm, heisst. Die neunzehn Quadratkilometer von Ceuta sind eingezäunt. Weiter als zum einzigen Grenzübergang nach Marokko fahren weder Bus noch Taxis. Wer sich Norden und Süden als zwei kommunizierende Röhren vorstellen kann, der sieht hier einen Teil der Völkerwanderung durch ein Nadelöhr tröpfeln.

Natürlich setzen sich im Zeitalter des Massentourismus die eiligen Reisenden fliegenderweise über solche Grenzen hinweg. Sie lassen sich von Zentrum zu Zentrum transportieren, möglichst mitten hinein in die Herzgegend des gewählten Zieles. Während sich die Zentren jedoch von der Flughafenarchitektur bis zum Komfort der Hotelzimmer weltweit zu gleichen beginnen, entwickeln sich die Randgebiete träge. Oft definiert sich eine Kultur, ein Land erst am Rand.

Auch hier gibt es Touristinnen und Touristen, ich gehöre dazu. Da ich in keinem schützenden Wagen sitze, bin ich augenblicklich den Geldwechslern, den Kleinschiebern, den selbsternannten Führern und Wächtern ausgeliefert. Verschiedene Sprachen werden eilig und gleichzeitig an mir ausprobiert. Sagt jemand noch «Ehrenwort», greift schon wieder eine andere Hand nach mir. Beim Wechseln werde ich übers Ohr gehauen, ein Taxifahrer lügt, ein Mann empfiehlt dafür einen *quickly bus* nach Tetuan und Tanger.

Es braucht nur ein paar Schritte, einen kleinen Augenblick, und der persönliche Freiraum, die angenehme Waffenstillstandszone unserer anzivilisierten mitteleuropäischen Aura ist auf afrikanische Dimensionen reduziert. Plötzlich wird auch für die Gnade der Geburt auf der richtigen Seite Zoll verlangt. Und die bekannten Reflexe stellen sich ein: Ekel vor der falsch-freundlichen Aufdringlichkeit. Wer dir so nahe auf die Pelle rückt, so unverfroren nach dir greift, mag zwar ein armer Teufel, muss aber auch ein Halsabschneider sein. Und warum denn so laut? Warum bloss so rücksichtslos penetrant? Verlange ich etwas anderes, als dass ihr endlich schweigt?

Das Grenzgewimmel bleibt undurchsichtig. Worauf warten all die herumsitzenden Menschen? Was wird in den vielen Kartons, in den unförmigen, verschnürten Bündeln so emsig hin und her über die Grenze getragen? Warum gehen alle zu Fuss? Der Schnitt ist tief, der Graben schreit.

Auf dem Weg zum Hafen von Tanger zeigt der Taxifahrer auf Kaffeehäuser. Hier hat eine ganze Generation von amerikanischen Literaten gesessen. Paul Bowles lebt heute noch hier, doch der Reiz und der Charme, den Tanger in seinen Geschichten hat, muss sich an diesem regnerischen Tag verflüchtigt haben. Tanger eine internationale Stadt? Der Taxifahrer sagt: «Das war einmal!»

«Ibn Battuta» heisst die Fähre nach Algeciras. Sie ist gigantisch, elegant und neu. Zu ihren herausragenden Eigenschaften gehört auch der neuartig aufgebaute Rumpf: Er ist äusserst glatt, unmöglich zu beklettern, bietet keinerlei Einstiegsmöglichkeiten für blinde Passagiere.

Gleich nach dem Verlassen des Hafens schiebt sich der Felsen von Gibraltar ins Blickfeld. Die Meerenge ist unruhig, in einer dichten Kette schaukeln die Boote der Küstenwache. Die marokkanische Küstenwache erweist sich immer dann als durchlässig und unkooperativ, wenn die diplomatischen Beziehungen zu Spanien und zur EG unter leeren Versprechungen leiden. Beispielsweise als die wirtschaftliche Öffnung in Europas Osten den Investitionskuchen schmälerte und Geldflüsse umleitete. Seit Madrid König Hassans Autokratie im letzten Jahr wieder grössere Kredite gewährte und Spanien sogar zum wichtigsten Investitionsland avancierte, sind die Grenzwischenfälle mit Drogen- und Immigrantenschiffen seltener geworden.

Um im von besonderer Armut geplagten Norden, im Rif, die illegale Immigration einzudämmen, hat auch die EG verschiedene Hilfsprogramme eingeleitet. Gleichzeitig möchte man die Rif-Bauern zum Anpflanzen von Tabak anstelle von Cannabis bewegen.

Anzunehmen ist, dass über diese Meerenge hinweg weiterhin Flüchtlinge der Armut die Festung Europa stürmen wollen. Und bald werden viele von ihnen als Schiffbrüchige auch tagsüber mitten unter SurferInnen und Badenden an Land gehen. Die halbnackten Europäer und Europäerinnen an den schönen Stränden werden diese geschundenen Gestalten wie Ausserirdische anstarren. Vielleicht eben dem Ertrinkungstod entkommen und kurz vor ihrer Verhaftung, werden die Ankommenden zurückstarren. Ab und zu wird auch wieder das Fernsehen dabei sein. Der Aufnahmeleiter voller Dankbarkeit, wegen der dramatischen Effekte und der bunten Kontraste. Man wird sich nicht verstehen.

*Gibraltar*
Bei der Anfahrt durch die hügelige Küstenlandschaft tauchen Erinnerungen an Abenteuerromane und englische Kriegsfilme auf. Heldenpilot Captain Biggels in geheimer Mission unterwegs nach Afrika. Auch James Bond musste hier im Dienste seiner Majestät mindestens einmal zwischenlanden, denn die Briten lieben den Schauplatz, den Tatort Gibraltar über alles. Gibraltar klingt nach glorreicher Vergangenheit, nach Macht und nach Herrschaft über die Weltmeere.

Dann wird am Autoradio der spanische Lokalsender von einer englischen Ansage verdrängt: «BBC World Service. Nine o'clock news». Und hinter einer Kurve steht er plötzlich da, von der Rückseite noch wuchtiger, unverrückbar, ein Berg, der Felsen im Meer, ein Klotz zwischen den Kontinenten.

Ja, die Affen gibt es noch. Weil es heisst, wenn die Affen verschwänden, höre Gibraltar auf, britisch zu sein, wird sogar sehr gut für sie gesorgt. Oben auf dem Felsen turnen sie auf den Aussenterrassen herum, belustigen Spaziergänger und Touristinnen, entwenden auch ab und zu eine Kamera oder eine schlecht behütete Handtasche.

Noch gründlicher als die Mauren oder die Spanier zuvor haben die Engländer den Felsen befestigt. Gibraltar strotzt vor Kanonen, Geschützen, Radarschirmen, auch ist es ausgehöhlt und untergraben. Eine ganze Stadt in bester Luftschutzkellertradition soll sich darunter verbergen. Strategisch diente Gibraltar der Sicherung der Meerenge, ausserdem als

Reparaturhafen der Royal Navy. Weil die Spanier seit Jahrhunderten daran leiden, ist ein wesentlicher Teil der Befestigungsanlagen landeinwärts gerichtet. Für die Spanier ist Gibraltar eine Verletzung ihres Stolzes, ein Schandfleck, eine Pustel auf ihrer territorialen Hegemonie, die auch Franco gerne ausgedrückt hätte. Er begann 1969 mit einer Blockade, die fünfzehn Jahre dauerte. Erst im Zusammenhang mit den EG-Beitrittsverhandlungen wurde sie aufgelöst. Gebracht hatte sie rein gar nichts. Gibraltar trotzte. Die Bevölkerung wurde auf dem Luftweg aus England versorgt, und für die über 2000 spanischen Arbeitskräfte, die zu Hause bleiben mussten, wurde in Marokko Ersatz gesucht und gefunden.

Noch heute ist die Grenze zu Spanien lückenlos gesichert. Gleich hinter der Grenze liegt geschickt ins Schwemmland eingepasst der Flughafen. In die kleine enge Hafenstadt gelangt man nur über die Landepiste.

Gibraltar besteht aus einem angenehmen Kulturmix, hier verbinden sich Norden und Süden, vielseitigste Einflüsse, verschiedene Religionen und Ethnien bilden zusammen eine unvermutete eigenständige Identität. Sofort ist ein wohltuendes Selbstbewusstsein zu spüren. Die Menschen sind einerseits temperamentvolle Engländer und Engländerinnen und andererseits auf Anhieb freundliche Spanier und Spanierinnen. Sie reden Englisch mit spanischem Akzent und Spanisch nur unter Verwendung englischer Ausdrücke. Und alle sind sich ziemlich einig, dass sie sich ausser als *Gibraltareños* auch als Europäer, sicherlich jedoch nie und nimmer als Andalusier verstehen. Einzelne Parteien bemühen sich denn auch um das Recht, bei den nächsten Europawahlen mitmachen zu dürfen. Was ihnen für die Zukunft vorschwebt, ist das Modell eines europäischen Stadt-Staates unter der englischen Krone.

Und schön ist Gibraltar. Allen Touristen und Touristinnen, allen Befestigungsanlagen zum Trotz. In den engen Gassen, in denen auch doppelstöckige rote Busse verkehren, hat sich weltoffene Hafenromantik halten können.

In der griechischen Mythologie hat Herkules hier einen riesigen Berg halbiert und auf zwei verschiedene Kontinente auseinandergedrückt. Möge ein neuer Herkules kommen und die beiden Teile wieder zusammenfügen.

(Mai 1994)

# Wasserkriege
*Schönes Wetter – zerstörende Sonne*

Taucht in der Dorftaverne einer mit nassen Haaren auf, wird er schief angeguckt. Es werde allgemein viel zuviel geduscht, findet ein Bauer. Er riecht auch entsprechend. Zu lachen hat er nichts. Weil die für Kühe eh schon zu kargen Weiden vertrocknen, musste er einen grossen Teil seines Viehs mit Verlust verkaufen. Der Rest futtert auf dem Hof aus dem Sack und säuft aus dem Tankwagen.

In unserem Dorf in den Bergen der Provinz Castellón ist die Wasserversorgung nur noch begrenzt gewährleistet. Wasser ist Leben, und das gibt die Quelle täglich spärlicher her. Um auch den letzten Tropfen zu nutzen, stehen die Männer mitten in der Nacht mit flackernden Laternen in ihren Äckern beim Bewässern. Sind sich zwei Nachbarn uneinig, entscheidet das Grundbuch. Dort ist für Extremsituationen vorgesorgt: Verbrieft sind nicht nur die Masse eines Grundstückes, sondern auch der Wochentag und die genaue Dauer des Anrechts auf Wasser. Beispielsweise Freitag, drei bis sieben Uhr morgens. An eine ähnliche Trockenperiode wie in diesem Jahr wollen sich auch die Alten im Dorf nicht erinnern können.

Bei allem Respekt vor deren Erinnerungsvermögen: In diesem gnadenlosen Sommer durchlebt zwar das ganze Land eine Extremsituation, so sehr haben sich die Niederschlagsmengen über die Jahre aber nicht verändert. Es hat schon immer zwei Spanien gegeben, ein grünes, feuchtes und ein trockenes. Besonders am Mittelmeer wird diese Tatsache gerne verdrängt und vergessen. Für Tourismus und Intensivlandwirtschaft entstanden in den letzten dreissig Jahren künstliche Oasen. Palmen stehen, wo keine hingehören, halb Europa bezieht Frischgemüse aus Gegenden wie Almería und Murcia, wo es ehedem kaum Agaven gab. Wie für die grossen und wachsenden Städte in der Region Valencia wird dazu das Wasser durch komplizierte Versorgungssysteme über Hunderte von Kilometern aus dem Landesinnern, oft aber auch aus einer anderen Provinz und einer andern politischen Autonomie hergeholt. Werden dann aber wie gegenwärtig auch dort die Reserven knapp, verschärfen sich die immer latent vorhandenen Konflikte zu einem «Wasserkrieg».

In über hundert Gemeinden der südlich von Madrid gelegenen Region Castilla-La Mancha tropft kein Hahn mehr, ganze Kulturen, vor allem Weinberge, werden trockengelegt, in den Stauseen betragen die gespeicherten Reserven noch fünfzehn Prozent. Trotzdem sollte aus dieser Region kostbares Nass nach Valencia und Murcia fliessen, denn dort ist der überdurchschnittliche, wenn auch nicht ganz eigene Wohlstand gefährdet. So gelangen heuer unter anderem 20 000 Tonnen valencianischer Kopfsalat weniger auf den Markt als letztes Jahr.

Zwölf bis fünfzehn Millionen Obstbäume tragen keine Frucht. Die verlorenen Ernten gefährden unzählige Existenzen. Es kommt zu Ausbrüchen von Gewalt, die Bauern schreien um Hilfe. Eine Zuteilung von achtzig Kubikhektometer Wasser aus Castilla-La Mancha sollte wenigstens die vom

Absterben bedrohten Bäume mit einer Notbewässerung retten. Dafür wurde in Madrid demonstriert. In 115 Autobussen kamen die Bauern angereist. Sie hatten Videoaufnahmen der Stauseen dabei, die beweisen sollten, dass diese nicht zu fünfzehn, sondern noch zu sechzig Prozent gefüllt seien. Die Regionalregierung von Castilla-La Mancha weigerte sich jedoch weiter, die Schleusen zu öffnen, organisierte ihrerseits Demonstrationen, bei welchen ein Siebzehnjähriger genau in jenem Wasser ertrank, das er für die Seinen sichern wollte.

Alles äusserst herrliche Umstände für populistisch agierende Politiker; wie andernorts die Milch, trifft hier das Wasser bei der Landbevölkerung den entscheidenden Nerv. Nicht zu Unrecht wird aber darauf verwiesen, dass viele der bedrohten Bäume unter den gegebenen klimatischen Bedingungen gar nie hätten angepflanzt werden dürfen. Und warum «mit unserem Trinkwasser» an der Küste Golfplätze grün gehalten werden sollen, wenn in der Region selbst aufgrund des Wassermangels keine Golfplätze angelegt werden dürfen, fragen sich auch besonnene Gemüter.

Während Tagen eskalierte der Konflikt. Madrid griff schliesslich ein, als sich sozialistische Regionalpräsidenten untereinander in die Haare gerieten. Der Ministerrat verfügte eine einmalige Überführung von 55 Kubikhektometern aus dem Tajo Richtung Süden. Drei ganze Tage braucht das Wasser für die Reise durch ein hydrotechnisches Wunderwerk von einem Kanal in jene Oasen, die eigentlich keine sind. Ein juristisches Nachspiel ist in Vorbereitung: Castilla-La Mancha klagt beim Verfassungsgericht.

Eine besonders traurige Folge der vorherrschenden Dürre ist die erhöhte Feuergefahr. Bereits in diesem Jahr sind zwanzig Menschen und über 200 000 Hektaren Wald den verheerenden Bränden zum Opfer gefallen. Besucht man danach die zu Mondlandschaften verwüsteten Wälder, entblösst sich einmal mehr ein immer noch üblicher, gängiger und dummer Begriff. In einer ökologischen Katastrophe geht keinesfalls die Umwelt, sondern schlicht und einfach die Welt kaputt.

(August 1994)

# Verwüstete Welt
*Waldbrand und Wallfahrt*

Noch nie hat die Sonne so viele Touristen und Touristinnen angelockt, aber sie hat auch noch nie so viel Schaden angerichtet. Brandschatzend ist sie über das ausgedörrte Land hergefallen und hat für Mitteleuropäer kaum vorstellbar grosse Flächen in Wüste verwandelt. In der valencianischen Provinz Castellón hinterliess ein vom Wind vorwärtsgepeitschter Waldbrand eine gespenstische Mondlandschaft. Vierzig Kilometer Autofahrt durch Tod und Asche.

Als das Feuer unser kleines Nachbardorf Ortells umringte, flüchteten die mehrheitlich älteren Bewohner und Bewohnerinnen hinter die dicken Mauern der Kirche. Damit sie dort nicht erstickten, musste die Feuerwehr den grössten Teil des Wasservorrats auf das Kirchendach spritzen. Gleichzeitig flüchteten aus den umliegenden brennenden Feldern und Wäldern die Schlangen und Echsen, alles, was kreucht und nicht fleucht, in die leeren Häuser.

Ein Mann ist verschollen und bis jetzt gibt es keine Spur von ihm. Die restliche Bevölkerung von Ortells kam mit dem Schrecken davon und fragte sich, wie sich das Feuer über den zwar ausgetrockneten, aber doch immerhin gegen die hundert Meter breiten, steinigen Fluss hinwegsetzen konnte.

Ein anderes kleines Dorf, weiter unten am gleichen Flussbett, blieb nur verschont, weil flink mit allen verfügbaren Traktoren und Pumpen und Tankwagen ein breiter Gürtel aus Schweinejauche rund um die Häuser gelegt worden war.

Chiva de Morella dagegen wurde vorzeitig evakuiert. Die rund vierzig Männer und Frauen nahmen es gelassen, schauten zum geröteten Himmel hinauf und folgten den Anweisungen der Guardia Civil. Als sie aber von ausserhalb des Dorfes, von einer Anhöhe aus, die in Flammen stehenden Felder und Wälder sahen, knieten einige nieder und beteten.

In der folgenden Nacht drehte der Wind. Chiva de Morella hatte Glück gehabt.

Viele Brände werden durch Trockengewitter ausgelöst. Blitze schlagen ein, aber es folgt kein Regen. Andere durch naive Städter, die im Schatten eines Waldrandes oder zwischen den Bäumen selbst Feuer machen, um zu grillieren oder um Paellas zuzubereiten. Und sogar der König hat einen jener Autofahrer gesehen, die, dumm wie Bohnenstroh, ihre brennenden Kippen nach wie vor zum Fenster hinaus in den Strassengraben werfen. Natürlich sind auch echte Pyromanen am Werk. Einige wurden ertappt und verhaftet.

Verhaftet wurden in Sabadell bei Barcelona auch vier junge Männer zwischen 18 und 20. Sie hatten wiederholt Feuer gelegt, weil sie, vermutlich vom Fernsehen sirenensüchtig und actiongeil, den dramatischen Einsatz von Lösch- und Rettungsfahrzeugen und den darüber kreisenden Hubschraubern und Flugzeugen über alles liebten und immer wieder neu miterleben wollten.

Aber weder die anhaltenden Feuerkatastrophen noch irgend eine andere Katastrophe draussen in der weiten Welt hat die Spanier und Spanierinnen je davon abhalten können, gründlich und ausgiebig ihre Feste zu feiern.

Im Städtchen Morella war es eine alle sechs Jahre zelebrierte Novena – eine neuntägige Andacht – zu Ehren jener Jungfrau, die ehemals einem Hirten erschien und vor dreihundert Jahren gegen die wütende Pest Wunder gewirkt haben soll.

Am ersten Tag des Festes zogen rund zweitausend Leute unter Glockengebimmel zweiundzwanzig Kilometer den Berg hinunter, um diese Mutter Gottes für die Dauer des Festes von ihrem Sanktuarium nach Morella zu holen.

Es war eine herrliche Wallfahrt. Die Weinbeutel waren prall gefüllt, Schnapsflaschen wanderten mit, es wurde auch immer wieder andächtig gesungen, und doch war es ein wandernder Jahrmarkt, an welchem auch nichtpraktizierende Christen ihren Spass hatten.

Für einmal gehörte die Strasse den Fussgängern und Fussgängerinnen. Die Polizei liess die Autos unerbittlich zu endlosen Schlangen auffahren. Es war eine Freude. Ging es aber querfeldein, kam richtige Pilgerstimmung auf. Der lange Zug folgte einer weissen und einer grünen Fahne. Zwischen den schwarzen Hüten sah man immer wieder das hölzerne Kreuz, dahinter den Priester mit der Jungfrau in einem goldenen Kasten vor dem Bauch. Die Luft war würzig. Es roch nach Lavendel, Thymian und Sadurilla. Jemand pflückte von letzterer einen Stengel mit weissen Blüten und sagte, während er daran roch: Damit macht man Oliven ein. Dann steckte er den Halm an seinen schwarzen Hut. Und links und rechts strömten Kinder aus, naschten Brombeeren und suchten mögliche Abkürzungen. Geredet wurde auch von den Bränden, waren doch in der Ferne verkohlte, eingeäscherte Hänge zu sehen.

Als das Dorf Ortells erwähnt wurde, fragte man sich abermals, wie das Feuer bloss über das breite Flussbett habe gelangen können. Inzwischen wollte dort jemand ein Wildschwein gesehen haben. Brennend, lechzende Flammen am Leib, sei das Tier panikerfüllt zum andern Flussufer gerast und habe sich im ausgedörrten Gras gewälzt. Von Busch zu Busch habe sich das Unheil weiter ausgebreitet.

Vorerst vergass man in Morella aber das Feuer von Ortells, auch den Hunger in Afrika, man vergass überhaupt die ganze Welt. Der Wallfahrt folgte eine Prozession und dieser eine Messe, und der Messe folgte ein Festmahl, dem folgte ein Konzert mit Tanz bis in den frühen Morgen hinein. So ging es täglich weiter. Ein Festakt nach dem andern, dem Konzert einer Rockgruppe folgte Joan Manuel Serrat, es gab Ausstellungen, auch Sportanlässe und Stierkämpfe fehlten nicht, denn ein spanisches Fest ist ein spanisches Fest.

(September 1994)

# Reigen und Riten, Wein und Visten
*Das grosse Fest der kleinen Stadt Morella*

Der Bürgermeister kommt mit ganz hohem Besuch zum Rathaus. Aus Madrid ist die Kulturministerin eingetroffen. Auch der Führer der nationalen Opposition wird noch erwartet. Die Ratsherren des Städtchens stehen herum mit gestutzten Bärten, in ungewohnt grauen Anzügen, die Bäuche nach Möglichkeit eingezogen. Die Ministerin strahlt ins Volk. Das Volk strahlt zurück, denn vom Fernsehen und aus Klatschillustrierten kennt es die Ministerin bestens. Sie ist eine attraktive Frau um die 45, sie schüttelt ihre gewaltige schwarze Mähne, zeigt ein eindrückliches, weisses Gebiss. Sie bewegt sich gekonnt und elegant, im Eröffnen von Ausstellungen, Kongressen, Festivals und anderen Kulturanlässen ist sie nicht zu übertreffen.

Als einer der Ratsherren vor dem Empfang zuhause sein weisses Hemd zuknöpfte, schaute ihm seine Frau auf die Brust. Andere haben die Haare auf dem Kopf, sagte sie und strich ihm mit der Hand über die Vollglatze.

Unter dem Balkon des Rathauses, wo erst der Bürgermeister, dann die Ministerin ihre Eröffnungsansprachen halten werden, stellt sich die Dorfmusik in den neuen Uniformen auf.

In der wartenden Menschenmenge werden Hälse gereckt. Kommentare fallen. Wie stattlich die neue Uniform doch ist. Wie gut aussehend. Allerhand.

Aber sehr zahlreich sind sie nicht.

O doch. Es sind an die vierzig Musikanten, kommt die Antwort.

Vierzig Musikanten? Das macht ja achtzig Instrumente, sagt ausgerechnet die Frau des Bankprokuristen, die gross und schlank ist und die sich beim Abendmahl in der Basilika immer besonders würdig und würdevoll an den prall gefüllten Kirchenbänken vorbei zum Altar zu begeben weiss.

Achtzig Instrumente, sagt jetzt auch die Friseuse und kichert dazu. Sie ist die Besitzerin des führenden Damensalons im Städtchen.

Ich weiss nicht, vielleicht vierzig Pfeifen. Oder Pfeifchen. Hi hi hi, sagt die Frau des Prokuristen.

Der Kapellmeister trägt heute nicht nur goldene Epauletten und hat nicht nur die goldene Nadel mit der Festplakette an sein weisses Uniformhemd gesteckt, er trägt ausnahmsweise auch seinen Ehering. Protestierend hatte es seine Frau bemerkt. Heute? Den Ring? Wegen der Ministerin? Sie hatte nach seiner Hand gegriffen, noch immer, ohne es wirklich zu glauben. Lass das! Mit dem Taktstock, den er für diesen besonderen Tag weiss lackiert hatte, schlug er spasseshalber leicht zu. Schaut her! sagt jetzt die Frau des Kapellmeisters und zeigt ihren Freundinnen den weissen Strich auf ihrem Handrücken.

In der Metzgerei, die nach ihrer Besitzerin «Sarah» heisst, stellt sich eine Frau ganz nahe an den Verkaufstisch, ihr Rükken wird breit, die andern Kundinnen sehen nur noch diesen Rücken, den dünnen Nacken, der zierlich und schmal in keiner Beziehung steht zu dem Ausmass ihrer Einkäufe. Und noch ein Kilo Lammschulter, und noch ein halbes Kilo *chorizos*, und jetzt noch ein Nierchen, nein, eines vom Lamm, dafür aber ein halbes Schweinsfüsschen. Und ist noch etwas Leber da? Dann bitte noch einen Hähnchenschenkel und noch eine halbe Hühnerbrust. Und ein Trutenschnitzel für die Kleine, denn der Fest- und Feiertage stehen ja so viele bevor. Und bitte ein oder zwei Knochen für die Suppe. Längst hat sie breit auch die Ellbogen auf dem Ladentisch deponiert, unverrückbar lässt sie die Schlachtersfrau Sarah die Pakete aufeinanderstapeln. Und jetzt noch etwas Lunge und 125 Gramm gekochten Schinken. Um Himmels Willen! Fast hätte sie es vergessen. Ich brauche doch noch zwei gevierteilte Kaninchen und einen oder zwei durch die Mitte gespaltene Schafsköpfe.

Nach einer halben Stunde verlässt sie den Laden. Ihr Gesicht ist klein und blass und schmal ... wie ausgehungert.

Obschon die Sonne scheint, tragen junge Männer dicke, schwere Kerzen durchs Städtchen. Es ist der Jahrgang der Schulabgänger bei der Nachwuchsprozession. Auch Prozessionieren will geübt sein. Auf einem Holzgerüst tragen sie einen Heiligen mit. Es ist San Roque. Ihm zu Ehren jagen die Schulabgänger morgen wilde Kühe und kleine wilde Stiere durch die Gassen. Schwarze, spitz gehörnte Viecher, in denen sie den Teufel vermuten. San Roque ist einen Meter gross, von einem lokalen Freizeitrestaurator neu bemalt, die Tonsur üppig schwarz. Mit einer Hand hebt der Heilige die Kutte wie eine Frau den Rock, zeigt ein jugendliches, ebenfalls frisch gestrichenes Bein. Ist es vielleicht doch eher San Cristóbal, bevor er jenen Fluss betritt, durch welchen er Christus getragen haben soll? Hinter ihm gehen Mädchen und Knaben in alten Pilgertrachten. Ein Flötenspieler begleitet sie. Wenn er zu spielen anfängt, bleibt die Prozession stehen, das Holzgerüst mit dem Heiligen wird abgestellt, und die Mädchen beginnen einen Reigen zu tanzen, die Knaben führen einen Schwerttanz vor, bei welchem sie die Füsse nach hinten schleudern. Dabei sehen sie aus wie scharrende Pferde oder so, als wollten sie auf dem Kopfsteinpflaster die Schuhe abputzen. Dann springen sie hoch, versuchen in der Luft eine Kehrtwendung zu vollführen. Wochenlang haben sie den schwierigen Tanz geübt. Einer von ihnen hat es noch immer nicht begriffen. Sein bäuerisch aussehender Vater stemmt sich am Strassenrand die Hände in die Hüften, lehnt sich zurück, guckt böse, verächtlich sogar. Was soll jetzt das wieder? Es geht doch gerade andersrum. Ich muss mich ja schämen! Sanft und ordentlich gehen die Mädchen weiter, an ihren Pilgerstäben tragen sie gebundene Blumensträusschen und eine kleine Kürbisflasche, wie sie die Pilger benützten. In der Hauptgasse geht in einer Hauswand plötzlich eine unbeachtete Holztür auf. In einem grossen Schrank steht hier ein Altar mit Blumen und zwei schlanken Kerzen.

Eben taucht die Sonne weg. Ein Traktor fährt durch den Torbogen beim grossen Turm in der Stadtmauer. Er bringt Bretter und Balken. Mit Seilen und Schrauben werden diese vor Hauseingängen und Seitengässchen zu Barrikaden aufgebaut. Am nächsten Morgen früh um sechs wird man die ersten Stiere und die ersten wilden, schwarzen Jährlinge durch die Hauptgassen treiben. Vor den Schaufenstern der Läden wurden eiserne Rollläden heruntergelassen. Es wird gehämmert, gesägt, dazu trinken alle Weisswein, in welchem zerstückelte Aprikosen schwimmen. Die Jungs des abgehenden Schuljahres – *quintos* genannt – kontrollieren die Arbeit. Sie tragen rote Tücher um den Hals und weisse T-Shirts, auf welchen ihr Jahrgang steht.

Ein guter Jahrgang? wird einer von ihnen gefragt, der oben auf der Abschrankung mit seinem Schraubenschlüssel hantiert.

Der beste aller Zeiten.

Und in diesem Jahr gibt es keine lahmen Enten wie auch schon. Unsere Stiere kommen von einem Superzüchter!

Der kleine Junge, der beim Schwerttanz die Erwartungen seines Vaters enttäuschte, sitzt auf einer Treppe und weint. Ein Mädchen setzt sich neben ihn. Seinen Pilgerstock hat das Mädchen an die Hauswand gelehnt. Bei genauem Hinschauen entpuppt er sich als Besenstiel, das bunte Sträusschen ist aus Plastik.

Später am Abend isst die Friseuse bei der Prokuristengattin ein vorzügliches Rindssteak. Woher hat du dieses wunderbar zarte Fleisch bloss her?

Von Sarah. Filet gibt es aber leider keines am Dienstag. Du musst entschuldigen, sagt die Gastgeberin.

Für mich schon, sagt die Friseuse. Stolz verweist sie darauf, dass man ihr als anspruchsvoller und guter Kundin jeden Dienstag ein Filetsteak auf die Seite legt.

Die Bars sind alle voll. Noch stehen während des Aufbaus der Barrikaden und der Abschrankungen für das Stiertreiben die kleinen Tische in den Gassen. Morgen werden sie verschwinden. Dann werden die wagemutigen jungen Männer vor den Tieren her durch das Städtchen rennen. Den einen oder anderen werden die Stiere erwischen, auf die Hörner nehmen, ein Aufschrei wird aus hundert Kehlen fahren, aber der junge Mann wird sich aufrappeln, wird aufstehen, noch etwas benommen, aber schon erfüllt von dem Bewusstsein, Mut bewiesen zu haben, ein Held zu sein, wenn auch nur für ein paar Stunden.

Auch vor der Bar Rourera wird eine Barrikade aufgebaut.
Morgen geht's los, sage ich als Tourist an der Theke zur Kellnerin. Sie trägt einen schwarzen Rock und eine weisse Bluse. Pedro, der Sohn des Wirtes, trägt eine schwarze Hose und ein weisses Hemd. Arantxa! sagt er zur Kellnerin, hier sind zwei Brote mit Schinken. Mit einem Blick auf die zu servierenden Brote, dann auf die Balken und Bretter vor dem Eingang der Bar, sagt sie: Das geht los? Eine Barbarei ist das. Eine rohe, grobe Dummheit. Reine Tierquälerei. Stiertreiben und Stierkampf, nein danke!
Auf der Theke stapelt sich das dreckige Geschirr, ein blasser Kunde stützt beide Ellbogen auf, bohrt mit einem Zahnstocher im Mund.
Schau, sage ich provokativ zu Pedro, Arantxa ist keine Spanierin, sie will nichts von Stieren wissen. Sie protestiert. Ich bin zwar Baskin, aber mit Spanien hat das nichts zu tun. Ich weiss wohl, dass ihr alle denkt, Spanien, das sei Sonne, Stierkampf und Meer! Damit legt sie ihre Zigarette zurück in den Aschenbecher, springt vom Hocker, auf den sie sich für einen Zug lang gesetzt hatte und beginnt die Bestellungen in die Gasse hinauszutragen.

Auch Pedro kommt jetzt hinter der Theke hervor, bringt Gläser und Flaschen hinaus, kommt mit Bestellungen zurück. Er ruft den zweiten Kellner, laut und böse, aber mit zwinkernden Augen, denn bei diesem Geschäftsgang müsste er im Grunde guter Laune sein. Die Kellnerin brüllt ihrerseits Bestellungen herein. Beide laufen hin und her. Nein, schreit Pedro, das war nicht ein Schnitzel mit Eiern und Pommes frites, das waren zwei verschiedene Orders. Sorgsam schiebt er die beiden Spiegeleier auf einen andern Teller, macht aus den Pommes frites mit den Fingern zwei Portionen, breitet sie aus, damit sie den ganzen Teller bedecken. Es gefällt ihm, dass ich bemerke, was er tut. Wiederum augenzwinkernd geht er ab. Aus einem Halter rupft er dann eine Papierserviette, rollt sie zusammen, rührt damit in den Gläsern auf der Theke mit wartendem, schon leicht abgestandenem Bier, bis sich wieder Schaumkronen bilden und das Bier aussieht, als wäre es frisch gezapft. Wieder freut er sich, dass ich es bemerke. Stolz auf seine Tricks und auf die gutgehende Bar, sagt er mit einer alles einbeziehenden Armbewegung: Siehst du! Das ist Spanien! Nichts da von toten Stieren und solchem Scheiss. Lachend verschwindet er mit dem schäumenden Bier auf dem Tablett.

Und dann ist zu bedenken, wo sich dieses Städtchen befindet: Etwa siebzig Kilometer vom Meer entfernt im Landesinnern auf 1000 Meter über unzähligen Haarnadelkurven, am Ende einer Reise durch karges, trockenes Berggebiet auf einer Hochebene.

Ein Lastwagen fährt unter dem Torbogen des Turmes hindurch aus diesem historischen Städtchen hinaus. Auf der

Ladefläche gröhlend eine Gruppe Schulabgänger. Sie haben einen toten Stier geladen, fahren ihn zu dem kleinen Schlachthaus vor der Stadtmauer. Morgen wird er zum Verkauf angeboten. Die Blutflecken in der Gasse haben die *quintos* mit Sägemehl zugedeckt.

Unternehmungslustig, aber noch unentschieden, einige sogar leicht verloren, stehen unter den Arkaden des Städtchens junge Leute. Sie sind braungebrannt vom Badestrand, wo sie den grössten Teil ihres langen Sommerurlaubes verbringen. Schon ihre Eltern sind aus der kargen Gegend abgewandert, haben die Sierra mit ihrer Armut und Mühsal hinter sich gelassen, haben in den Städten an der Küste und vor allem in Barcelona Fuss gefasst. Aber die *fiesta* von Morella lassen sie sich nicht entgehen. Und Morella ist ihrem Vergnügungsdrang wohlgesinnt.

Zum Schutz der älteren Bevölkerung möchte der Bürgermeister die Bars und Restaurants um zwei Uhr morgens schliessen lassen, aber der Gefreite der Zivilgarde sperrt sich. An der Küste ist um diese Uhrzeit nirgends Polizeistunde. Vielleicht fürchtet er sich vor der Aufgabe, das junge, übermütige Volk in die Betten treiben zu müssen, wo sie doch alle während der Hitze des Tages schlafen, wo sie sich doch alle noch so viel zu erzählen, so viele neue schicke Kleider mit den begehrtesten Markenetiketten vorzuführen, wo sie doch alle so unermüdlich Lust zu trinken, zu rauchen, zu lachen, zu tanzen haben. Während der ganzen Festwoche werden sie nie und nirgends vor verschlossenen Türen stehen.

Wenn es dunkel wird, schalten sich automatisch die Lichter ein, sagt der Ratsherr mit den Haaren auf der Brust, dem seine Frau gerne mit der Hand über die Vollglatze streicht. Er ist der tüchtigste Elektriker des Ortes, Besitzer eines gutgehenden Geschäftes mit einem Dutzend Angestellten. Für den Preis eines kleinen Vermögens baute er die gigantische Anlage, welche die mittelalterliche Burg mitsamt dem Berg darunter beleuchtet. Von Ferne sieht es aus wie eine Theaterkulisse, so bunt ist das Licht der Scheinwerfer.

Während der *fiesta* gibt es für die Kleinen zusätzliches Taschengeld. Im eigens für die Kinder gedachten Laden hält der grosse Andrang tagelang an. Während sie warten, bis sie an die Reihe kommen, bestaunen die Kinder die Wandregale voller Süssigkeiten, träumen von dem Eis in den Truhen, überlegen sich, schon sicher, was es diesmal sein muss, was mit den Münzen in den klebrigen kleinen Händen nachher noch möglich ist.

Mit ebenso grossen Augen und nicht weniger genusssüchtig stehen die Erwachsenen im Tabakladen Schlange. Dort sind es die Lotto- und die Totoscheine, die zum Träumen verleiten.

In den Gassen sitzen Nachbarn zusammen an langen Tischen. Hier ist es angenehm kühl, während sich in den Häusern die Hitze des Tages staut.

Trockenfleisch und Schinken werden aufgeschnitten, frisch gebackenes Brot wird gebrochen. Auf Tellern häufen sich Muscheln und Schnecken, winzige und grosse. Rostrote, mit Paprika bestreute Tintenfischstücke werden aufgespiesst. Auf Holzbrettern liegt der typische Ziegenkäse in kuchengrossen Ringen, blass der frische, bräunlich der reife. Wein fliesst aus Karaffen, Weinbeutel werden gereicht, die Gespräche und

Geschichten beginnen zu fliessen, die Kleinkinder machen die Runde.

In den Restaurants werden derweil knallend die Korken gezogen, die Kellnerinnen eilen mit Schweiss auf der Stirn von den Terrassen zurück in die heissen Küchen. Im Speisesaal der Bar Rourera ist einer der Gäste mit dem Wein unzufrieden. Seine Frau stochert mit gerümpfter Nase in ihrem Teller herum. Backhähnchen mit Trüffeln soll das sein? Ich sehe nur Erbsen aus der Dose in einer ranzigen, ziemlich undefinierbaren Füllung.

Mehr als einer wird morgen an Durchfall leiden.

Wenn auch nicht alle Gerichte wohlgeraten sind, der Stimmungspegel, der steigt. Wer noch Hunger hat, bestellt einen Käseteller. Die Flaschen leeren sich, schon knallen die ersten Sektkorken, zwischen den Rändern der geleerten Teller beginnen die Füsse der Gläser zu funkeln, das banale Salzfass steht plötzlich so selbstverständlich schön auf dem Tisch, als wäre es ein kleines Kunstwerk. Sogar der von Kellnerin Arantxa auf dem weissen, jetzt befleckten Tischtuch vergessene Korken der letzten Flasche wird in der aufkommenden Harmonie zur vieldimensionalen, rätselhaft Aufmerksamkeit heischenden Skulptur. Unter dem Einfluss der Geister beginnt die Welt wieder auf eine überschaubare Grösse zu schrumpfen, auf die Grösse der Runde am Tisch oder höchstens auf die Grösse der sich feiernden kleinen Stadt.

Am oberen Ende der leicht abschüssigen Seitengasse, die zur Basilika hinaufführt, waren provisorische Gehege für die Tiere gezimmert und mit Stroh ausgelegt worden. Dorthin wollte die schwarze, wilde Kuh zurück, zurück ins spärliche Stroh.

Jetzt steht sie da, wachsam, vorsichtig, enttäuscht. Sie schnuppert in der Luft, guckt wie ein verängstigter Hund. Schmal ist sie, nur die Hörner, die sind ausladend, gefährlich breit und spitz. Einige Jungs wagen sich hinter den Barrikaden hervor, versuchen mit winkenden Armen, mit Geschrei, die Kuh zu animieren. Aber sie will nicht angreifen, will nicht die Hörner senken. Von hinten wirft einer einen Stein. Sie hebt den Schwanz, tritt mit der rechten Hinterhand ins Leere.

Wenn dann doch einmal eine der wilden Kühe oder einer der kleinen Stiere losrennt, klettern die Mädchen schnell wieder auf die Barrikaden, setzen sich auf die oberen Balken, schreien, als wären sie dem Teufel persönlich entkommen, lachen dazu und werden rot in den Gesichtern. Die jungen Männer rennen meistens in sicherer Distanz davon durch die Gasse oder verdrücken sich in einem der Hauseingänge, der mit dicken Balken gesichert wurde. Einer hat seine Hosenbeine hochgekrempelt, einem andern rutschen sie beim Rennen hinunter. Siehst du, sagt ein Mädchen zum andern, unser Lehrer dort drüben trägt heute wieder seine komischen Shorts.
    Schau nur seine Beine an!

Was darf es denn sein, fragt Francis der Kellner in der Bar Pratts. Francis ist gegen 150 Kilo schwer, ebenso gutmütig wie langsam.
    Ich dachte, hier gebe es den schnellsten Service von Morella, schreit ein Gast und schaut auf auf den Wirt, der an der Theke mit dem Rücken zum hektischen Betrieb in aller Ruhe die Zeitung liest.

Bring uns eine Portion Nieren und eine Portion Kutteln! Auch Sepia und Schnecken!

Und einen grossen Salat für alle zusammen!

Und danach gebratenes Stierfleisch!

Die dicken Finger von Francis schreiben die Bestellungen auf einen winzigen Block.

Und zu trinken?

Wein mit Limonade.

Wortlos geht er davon, kommt mit den ersten beiden Flaschen und einem Körbchen Brot zurück. Plötzlich ein lautes Rumpeln. Es poltert und dröhnt in der Gasse vor der Bar.

Was ist denn das für ein Riesenkrach? Einige Gäste stellen sich mit ihren Gläsern unter die Tür. Auf kleinen Rädern wird ein grosser Eisenkasten von den *quintos* über das Kopfsteinpflaster geschoben.

Der Stier für die Nacht.

Während der Stier von gestern gegessen wird, kommt schon der nächste. Ihm setzt man Fackeln auf die Hörner und zündet sie an.

Gehst du auch hin? fragt jemand Francis, den Kellner.

Nein, ich gehe nachher hinauf zu den Putschautos auf dem Fussballplatz. Das mit dem Feuer an den Hörnern des Stiers ist nicht nur eine verdammte Schweinerei, es hat auch nichts mit hier zu tun. Das ist nicht unsere Tradition.

Und morgens um zwei Uhr in allen Gassen Jugendliche auf dem Randstein sitzend, gegen Häuser gelehnt, rauchend, lachend. Vor den Haustüren und den Eingängen auf Klappstühlen die Daheimgebliebenen, die Hüterinnen von Kleinkindern und Gebrechlichen.

Bei einer der täglich zelebrierten Prozessionen gibt es in den schmalen Gassen mit den fotografierenden Touristen zum wiederholten Male einen Stau. Die Musik setzt aus, die Bläser der Kapelle fahren sich mit weissen Tüchern über die Münder, aus einer Bar wird ihnen Bier gereicht. Die mitgeführten Heiligen werden abgestellt, die Träger reiben sich die Schultern. Auch die Frau Bürgermeister bleibt mit gefalteten Händen stehen, guckt zu Boden. Sie trägt einen verzierten Kamm im geknoteten Haar, dazu einen Schulterschleier.

Als hätte sie sich den Vorhang aus dem Esszimmer umgehängt, sagt die Friseuse zur Gattin des Bankprokuristen auf ihrem Balkon hoch über der schmalen Gasse. Die Friseuse schwört, nie bei einer Prozession mitzumachen.

Diesen Damen, die da vorbeispazieren, soll ich Frisuren nach Bildern aus den Klatschzeitungen fabrizieren. Die kommen zu mir in den Salon und zeigen auf die hübschesten Prinzessinnen und Filmschauspielerinnen mit den üppigsten Mähnen. So will ich es haben, sagen sie. Dabei haben sie selbst die magersten Haare und sind weit über fünfzig!

So stolz wie die Frauen ihre Frisuren tragen die Männer ihre Bäuche. Wo sich die Alten noch des Hungerns erinnern, bleibt Leibesfülle ein Statussymbol. Es gibt Bäuche in vielen Formen und Grössen. Rund, fussballgross, zur Hälfte noch über dem Hosenbund, dann aber auch solche, die tiefer liegen, wie hinuntergerutscht und in der Unterhose aufgefangen. Andere sind birnenförmig, noch ziemlich kompakt, wieder andere sind schwer wie Mehlsäcke, versperren ihrem Besitzer schon richtig den Weg. Einer geht, als möchte er seinem Bauch ausweichen, was nicht möglich ist. Ein anderer ist so stark gerüstet, er kann mit dem Tempo der wieder weiterschleichenden Prozession kaum mithalten. Langsam, sehr langsam und hüftschwingend geht er, wie im Passgang sieht es aus, er stellt ein Bein nach dem andern am Bauch vorbei vorne hin und kommt dabei irgendwie vorwärts, aber keuchend und mit einem schwitzenden, roten Kopf.

Bei der Kaserne der Guardia Civil stehen aufgereiht ein Dutzend Motorräder. Die Polizisten bilden einen Kreis um ihren Chef, um den Gefreiten, der nicht immer so will wie der Bürgermeister. Es gilt die Rogativa, die traditionelle Pilgerfahrt, zu organisieren. Die Pilgerfahrt ist ein Bittgang 22 Kilometer den Berg hinunter zum Sanktuarium der Heiligen Jungfrau, Schutzpatronin des Städtchens, und am nächsten Tag den Berg hinauf zurück.

Vor der Basilika versammelt sich das Pilgervolk. Man steht wartend in Gruppen, die kleine Schelle im gotischen Turm bimmelt und bimmelt, die Männer haben schwarze Hüte auf, Stöcke und Rucksäcke, die Frauen tragen Strohhüte. Einige haben verschlafene Kinder an der Hand. Aus dem grossen Tor der Kirche kommt Gesang, die schweren Glocken beginnen dumpf zu läuten, tief und langsam. Eine weisse Fahne erscheint, dahinter eine grüne, es folgt ein Kreuz, dann der Bürgermeister, zwei Ratsherren. Der Priester trägt vor seinem Bauch den goldenen Kasten mit dem Duplikat der Mutter Gottes. Sie wird die richtige, die während der Festzeit ins Städtchen kommt, im Sanktuarium vertreten. Langsam bewegt sich der Zug hinter den Fahnen her durch das Städtchen hinunter. Schlaftrunken spielen die Musikanten der Kapelle einen feierlichen Marsch. Wer nicht selbst mitgeht, ist aufgestanden, um die Pilger vom Balkon aus oder vor der Haustür zu verabschieden.

Eine Stunde später wird der Kasten mit der Ersatzjungfrau in den Schatten einer kleinen Wegkapelle gestellt. Es wird gesungen. Kyrie-Rufe erschallen. Man schaut zurück, grüsst noch einmal das am Hang klebende, im Morgenlicht leuchtende Städtchen. Dann wird gefrühstückt. Aus Aluminiumfolie schält man Brote mit Schinken oder Käse. Schon ist der Schatten schwer zu finden. Ein heisser Tag steht bevor. Vor dem Weitermarsch gibt es in der kleinen Bar bei der Tankstelle noch einen Kaffee mit oder ohne Schnaps.

Die Autos, die täglich zu Hunderten den Berg hinauf nach Morella kommen, sie müssen heute warten. Sonst erweist man ihnen jahraus, jahrein jeden Dienst, opfert ihnen Land und Leute, begradigt Kurven, verbreitert Fahrbahnen, schlägt Brücken, gleicht Unebenheiten aus, sorgt für Parkplätze an den ungeeignetsten, weil schönsten Orten. Aber heute müssen sie warten. Ein Polizist der Guardia Civil mit Motorradhelm und Sonnenbrille zwingt die Autos, anzuhalten. Heute haben die Fussgänger Vortritt. Verblüfft sitzen die in- und ausländischen Sommertouristen und -touristinnen in den heissen Wagen und schmoren. An ihnen vorbei gehen Bäuerinnen neben Schulmeistern und Briefträgern, der Bankprokurist geht mit Francis, dem Kellner. Die Ärztin geht mit Sarah, der tüchtigen Metzgersfrau, Väter und Mütter gehen mit ihren Kindern an der Hand. Der Priester geht mit dem goldenen Kasten vor dem Bauch.

Abends beim Promenadenkonzert sitzen die Frauen getrennt von den Männern wie in der Kirche. Die Friseuse und die Frau des Bankprokuristen wedeln sich mit bestickten Fächern Luft zu. Sie schwitzen, heben ab und zu die an den Schenkeln festklebenden Röcke an, schauen sich um, ihre Kommentare sind wie immer kritisch bis gnadenlos. Die Frau des Kapellmeisters betrachtet still den noch immer vorhandenen weissen Strich auf ihrem Handrücken.

Ebenfalls mit Fächer sitzt beim Tanzkonzert, das um ein Uhr nachts in der Mehrzweckhalle beginnt, die Frau des Posthalters an einem der runden Tische. Der Posthalter selbst guckt durch das mitgebrachte Fernglas. Weit vorne, vor dem grell beleuchteten Orchester, tanzen zwei singende Frauen in Schlangenhaut verpackt. Draussen vor der Halle kurvt der übergewichtige Francis mittlerweile alleine und völlig unbehindert über die Putschautobahn, macht dazu ein Gesicht, als lenkte er einen schicken Sportwagen durch die Nacht.

Um Mitternacht finden auch täglich Konzerte in der Stierkampfarena statt. Dort bauen Rockgruppen tagsüber ihre jeweils mehrere Lastwagen füllende Technik auf und wieder ab. Eine landesweit bekannte Sängerin greift zum Mikrophon, ein Star des Chansons zur Guitarre.

Einmal wird auch zu einem richtigen Kampf geblasen. Nachmittags Punkt fünf, wie es das Reglement verlangt. Der Anmarsch der Kapelle lässt sich durch das ganze Städtchen verfolgen, langsam nähert sie sich der Arena, die eingebettet in einen steilen Hang unterhalb der Burg die Häuser überragt. Umringt von riesenhaften Pinien, halb Wettertannen, halb Sonnenschirme, gibt sie den Blick frei über die ziegelroten Dächer hinaus ins Weite, in die dunstige, gleissende, leere Sierra.

Die Männer haben sich bereits unanständig dicke Zigarren angesteckt, die Frauen haben Blumen dabei, die sie den Toreros in den Ring hinunterwerfen werden. In der Präsidentenloge nimmt einer der Ratsherren Platz. Der Bürgermeister wurde von seiner Frau gebeten, auf dieses Amt zu verzichten. Der Gefreite der Guardia Civil gesellt sich dazu, lächelnd, man ist unter sich. Auch der Veterinär des Ortes setzt sich jetzt auf seinen Ehrenplatz, und bei dem Trompetenstoss, der nach dem Einmarsch der Stierkämpfer und ihrer Helfer das Signal zur Übergabe des Schlüssels für die Stallungen anzeigt, gesellt sich der Priester zu den anderen Würdenträgern in der Präsidentenloge.

Schwarz und behend galoppiert ein Stier heraus ans Licht. Der Torero ordnet sein rotes Tuch.

Und während Morella weiter feiert, emsig seiner Jungfrau und seinen Traditionen huldigt, erscheint es auch in diesem Jahr auf den Titelseiten von Englands Sensationspresse. Dort ist es fettgedruckt jene Stadt in Spanien, in welcher auf brutalste Weise, mittelalterlichen Riten folgend, unschuldige Tiere in den Gassen zu Tode gehetzt und von wilden, rasenden Horden gefoltert und niedergemetzelt werden. Dort ist es jene Stadt, die Millionen mit aufregendem Gesprächsstoff versorgt, ohne dass dies ausser der Frau des Bürgermeisters auch nur jemand erahnte.

(August 1994)

# Europas Garten Eden
*Almería – 22 000 Hektar unter Plastik*

Bis 1970 war die andalusische Provinz Almería die ärmste im Land. Bekannt war sie für unausstehliche Hitze, für die geringsten Niederschläge Spaniens und allenfalls für die Spaghetti-Western, die in ihren Wüsten und ausgedörrten Tälern gedreht wurden.

Heute geniesst die Provinz Almería den Ruf, ein kleines Kalifornien zu sein. Ihr Wachstum liegt über, die Arbeitslosigkeit unter dem Durchschnitt. Almería verdankt diesen ökonomischen Aufschwung einer besonderen Form von Landwirtschaft: der Intensivkultur unter Plastik. Lückenlos von Plastik zugedeckt, wächst auf 22 000 Hektaren ein beträchtlicher Teil des Gemüses, das wir, ob Sommer oder Winter, in Europas Supermärkten an die Kassen schieben.

Aus der Ferne betrachtet ist das Ganze nicht ohne Stil. Über die gesamte Küstenregion, vom Meer bis hinauf zu den Kalkzacken der Sierra, fügt sich eine Plastikplane an die andere. Eine grau, braun oder grünlich schimmernde Kunstlandschaft gigantischen Ausmasses. Als hätte Christo die Wüste eingepackt und zugeschnürt.

Aus der Nähe dagegen ist alles Flickwerk. Als die Wochenendbeilage der Tageszeitung «El País» vor wenigen Wochen eine Reportage über die Provinz Almería publizierte, war kein entsprechendes Bild dabei. Das Plastikwunder präsentiert sich zu trist, zu dreckig, zu absurd. Vom Ertrag her mag es ein Garten Eden sein, doch die Struktur ist chaotisch. Es riecht zwar nach Arbeit, aber auch penetrant nach kurzfristigem Profit. Dreimal, viermal wird im Jahr geerntet.

Teile der uferlosen Zeltstadt aus Plastik erinnern an einen Robinsonspielplatz für kapitalschwache Kleinunternehmer. Keines der Treibhäuser ist gebaut, sondern nur kläglich und billig improvisiert. Mit Schnur und Draht verankerte Stangen tragen die kurzlebigen Planen, die an den ausgefransten Rändern steinbeschwert bis an den Boden reichen. Zum Schutz vor wilden Kaninchen werden Fallen gestellt. Ein Treibzelt für Blumen steht wegen der Nager sogar ganz unter elektrischer Spannung. In grossen Lettern wird vor der Gefahr gewarnt. Durch Löcher und Risse im Plastik sind Tomaten, Salate, grüne, gelbe, rote Pfefferschoten zu sehen. Dass dieses Gemüse hier wenigstens noch aus der Erde wächst, ist ein schwacher Trost. Wie lange kann der ehemalige Wüstenboden diese Zwangskultur verkraften?

Auf einer verlassenen, unbedeckten Parzelle sieht die Erde grau und traurig aus. Steinhart und verstaubt wie ein Fussballplatz ohne Gras. Eine Schlangenhaut liegt da, sonst aber nur armselig zerfetzte Plastikreste. Der Wind wirbelt sie auf, trägt sie davon. Längst wickelt sich zerschlissenes Plastik um jeden Zaun, fegt über die Strassen, ziert Bäume und Sträucher und hängt wie die Wäsche an der Leine an den ebenfalls hastig errichteten Leitungen. Vielerorts türmt es sich zu unansehnlichen Haufen. Gewaltige Entsorgungsprobleme sind programmiert. Die Behörden bewegen aber nur den Mahnfinger. Der auf Plakaten geäusserte Wunsch: «Eine gesunde Frucht vom sauberen Acker» wirkt in Anbetracht des sich anbahnenden Kollapses wie ein Tuscheln gegen den Wind.

Auf Nordafrika, auf die «andere Seite», üben Almería und seine Plastik-Intensivkultur eine Anziehungskraft aus, als wäre es Kalifornien in Goldrauschzeiten. Von der «andern Seite» kommt auch hier auf Mittelwelle arabische Musik, und von dort kommt illegal ein Grossteil der unter dem Mindestlohn bezahlten Arbeitskraft. Wer als blinder Passagier nicht abgefangen wird; wer auch bei verstärkten Küstenpatrouillen bei Nacht und Nebel auf einem kleinen Kahn die Überfahrt schafft, der taucht erst mal unter und schläft, wenn es sein muss, auf einer Pritsche gleich neben dem Gemüse, über welches er sich von früh bis spät nun bückt.

Dass bei Tausenden von Immigranten und Immigrantinnen aus Nordafrika in einem Tiefstlohngebiet religiöse und rassische Konflikte unvermeidlich sind, vermag niemanden zu überraschen. Da Schlägereien an der Tagesordnung, Messerstechereien und Morde nicht selten sind und es die Menschen aus dem Maghreb in Spanien noch nie leicht hatten, greift auch die Kirche ein. Um Rassismus zu vermeiden, empfiehlt sie den Immigranten und Immigrantinnen folgende Verhaltensnormen: Im Namen Gottes des Barmherzigen sind grössere Gruppen zu vermeiden. Zweitens wird tägliche Körperpflege verlangt. Drittens ist Schlägereien aus dem Weg zu gehen. Viertens sind spanische Staatsbürger mit viel Höflichkeit zu behandeln, damit ihre Sympathie gewonnen werden kann und damit sie ihre Meinung ändern. Fünftens ist vom Alkoholkonsum abzusehen, weil der zum Verlust von Kontrolle führt. Allein im Ort El Ejido wird dieses Gebet an über 4000 Menschen gerichtet. Papiere haben aber die wenigsten. Bei einer im Januar abgehaltenen Gründungsversammlung einer dringend benötigten Interessengemeinschaft liessen sich knapp 300 Seelen erfassen.

El Ejido ist eine Boom-Stadt im wahrsten Sinne des Wortes. Motels, Tankstellen, Autohandlungen reihen sich aneinander nach amerikanischem Muster, und wie es sich für eine echte Boom-Stadt gehört, stehen im Ortszentrum an Stelle der Kirche die Banken, der Glockenturm wird durch Wassertürme ersetzt, und natürlich wirbelt viel Staub und Dreck durch die Strassen. Auch steht die Grösse der schreienden Werbeschilder in keinem Verhältnis zur Qualität der improvisierten Bausubstanz. An einem am Rand von El Ejido hingeklatschten Lagerhaus steht zum Beispiel in riesiger Schrift: «Alles für die Landwirtschaft Insektizide Pestizide Dünger» und – natürlich – «Plastik». Ob das wohl reicht, fragt sich da der Freizeitgärtner mit einem skeptischen Blick auf den Dreck unter seinen Fingernägeln.

(März 1994)

# Tanz der Pyromanen
*Die Fallas in Valencia*

Am Sonntag spielten die kahlköpfigen Communards vor 100 000 tanzenden Fans auf dem grössten Platz der Stadt. Früher trug der Platz den Namen des Caudillos, heute heisst er Plaza del País Valenciano.

Abends wurde dann das erste Feuerwerk abgebrannt. Gigantisch und verschwenderisch. Das Fest hatte begonnen. Das Jahr hindurch ist Valencia eine lärmige, nervöse Stadt, die ihre barocken Reize unter Staub und Schutt versteckt. Valencia ist auch berüchtigt für seine armseligen Taschendiebe, für seine fantasielosen Autoradioklauer. Und jetzt streiken noch die Hotelangestellten. Als aber am Montag um zwei fünf Warnraketen abgeschossen wurden und gleich darauf vor dem Rathaus die ersten geballten, offiziell aufgebauten Knallkörper laut wie Sprengmörser explodierten, war plötzlich alles anders. Erst dachte ich an die Kriege dieser Welt, an all die Bilder, die wir davon im Kopf haben.

Das ist wie Vietnam, durchzuckte mich ein Gedanke, dann wurde mir bewusst, dass ich bisher überhaupt keine Ahnung gehabt hatte, welche Dimensionen Lärm und Krach wirklich annehmen können.

Erst waren mir diese valencianischen Feuerwerkskörper, die in allen Gassen, auf allen Plätzen hingen, vorgekommen wie bunte, vielleicht überdimensionierte Knallbonbons an

Wäscheleinen. Aber was so harmlos aussah, ging plötzlich vier- oder fünfhundertmal am Boden und ebenso oft in der Luft los wie Schnellfeuerkanonen. Die Fassaden waren sofort von Rauch verhüllt, die ganze Stadt sah so unwirklich aus wie zerbombte Strassenzüge in Comic-Strips. Das Pulver stank, und noch immer erschütterten neue Salven den Asphalt. Gegen dieses Geschütz ist jeder am 1. August in Ehrfurcht gezündete Schweizerkracher ein reiner Nonnenfurz. Die Schallwellen gingen durch die Massen von Menschen wie ein Messer durch die Butter, sie schmetterten von den Gebäuden ab, widerhallten in den Seitenstrassen und lösten bei etlichen Banken die schrillen Alarmsirenen aus. In meinem Bauch hinterliessen sie ein ungewohntes Gefühl, von dem ich nicht genau wusste, ob es mir nun angenehm war oder nicht. Den Einheimischen dagegen, in deren Mitte ich mich befand, erhellte es die Gesichter, sie applaudierten mit Kennermienen, als hätten sie eben einem Konzert beigewohnt und schauten zufrieden den mehlsuppigen Rauchschwaden nach, die sich himmelwärts auflösten und bald wieder die strahlende Sonne freigaben.

Das war aber erst der Anfang.

Bekanntlich wurde das Pulver in China erfunden. Wäre dies den Chinesen nicht gelungen, hätten sich die Valencianos bestimmt nicht lange bitten lassen, denn offensichtlich haben sie die Liebe zu Feuer und Feuerwerk nicht nur als Teil ihres maurischen Erbes im Blut, sie entpuppten sich als wahre Pyromanen, allesamt sind sie feuersüchtiger als kleine Buben. Früher sollen sie ihre Zündschnüre sogar kilometerweit einfach quer durch die Stadt gespannt haben, die Kinder seien dann vor den explodierenden Petarden hergerannt. Auch habe es als Mutprobe gegolten, ohne mit der Wimper zu zucken unter dem vorbeiknallenden Feuer Karten zu spielen.

Heute müssen zwanzig Meter Sicherheitsabstand eingehalten werden, auch dürfen an Private nicht mehr als fünfzehn Kilogramm Feuerwerkskörper abgegeben werden.

Die Unfallbilanz habe sich auch schon entsprechend verbessert. Noch verliert zwar immer wieder mal ein Kind das Augenlicht, aber die auf Verbrennungen spezialisierten Krankenhäuser müssten nun selten mehr als ein halbes Hundert Notfälle pro Tag behandeln.

Als ich diese Zahlen erfuhr, war ich angewidert. Das Fest der *fallas* hat seine Existenz jedoch nicht mitteleuropäischem Buchhalterdenken zu verdanken. Es war sinnlos, zu rechnen, zu bedenken, zu ergründen. Ein Fest ist ein Fest, und grosse Feste fordern ihre Opfer. In Valencia war man offensichtlich bereit, diese zu erbringen. In den nächsten Tagen sollten noch rund hundert Tonnen Pulver verschossen werden. Paff! Paff! Paff! Nichts als Schall und Rauch, und doch viel mehr als ungezügelte Verschwendungssucht: Mit diesem Pulver barst auch eine unbändige Lebensfreude, explodierten die tiefen, zugeschütteten Sehnsüchte eines zwar sehr stolzen, aber in seiner Art doch eher verhaltenen Volkes.

Wenn Valencia im Frühjahr die *fallas* feiert, dann soll das ganze Land die Ohren zu- und den Atem anhalten müssen. Da sollen nachts die Sterne erblassen, und die Stadt soll leuchten in ihrer ganzen versteckten Pracht, in ihrer ganzen Kraft.

So will es eine Hymne, in der es weiter heisst: «Hier Valencia! Valencia, Land der fruchtbaren Erde, der Blumen und des Feuers.»

Das Festpaket wird aber nicht nur mit Zündschnur gebunden, es wird auch in Blut getränkt. Was wäre ein grosses spanisches Fest ohne Stierkampf!

Während der *fallas* finden täglich Kämpfe statt.

Am Dienstag waren es drei jugendliche Toreros, sogenannte *novilleros,* die sich zum Kampf rüsteten und zum Klang der Fanfaren die Arena betraten.

Einer von ihnen, es war ein Lokalmatador, erwies sich als besonders todesverachtend. Mehrmals kniete er sich auf den Boden, um mit auf diese Weise eingeschränkter Bewegungsfreiheit die rasenden Angriffe des Stiers zu empfangen. Dazu schnitt er ein Gesicht, das an einen aztekischen Hohepriester erinnerte. Wenn wieder eine Hornspitze haarscharf an seiner bunt bestickten Stierkämpfertracht vorbeiging, raunte die Zuschauermenge wie aus einem Mund.

Während einigen wenigen Augenblicken schien das Publikum sogar mit diesem jungen Mann und mit diesem schwarzen Stier dort weit unten in der Arena zu verschmelzen. Während ein paar wenigen Augenblicken durfte jeder und jede die Gefahr riechen und die eigene Angst bekämpfen, alle durften mitgehen, und im Augenblick der Wahrheit wurde nicht einer, es wurden Tausende von Degen zum Todesstoss erhoben. Die Musik verstummte, nichts regte sich mehr, wie gebannt starrten alle auf das keuchende Tier, auf den mit einem zugekniffenen Auge über die erhobene Degenspitze hinweg auf den schwarzen Nacken zielenden Torero. Und kaum sackte das tödlich getroffene Tier in sich zusammen, brach die Menge in befreienden Jubel aus, überall wurden weisse Taschentücher gezückt, mit welchen alle winkten, bis der junge Held der Stunde vom Präsidenten mit einem abgeschnittenen Ohr des Stieres belohnt wurde.

Triumphierend schritt der *novillero* daraufhin eine Ehrenrunde ab, zeigte in der hochgestreckten Hand die blutige Trophäe vor, und schon flogen ihm Rosen und Nelken zu, auch mehrere Weinbeutel musste er auffangen und daraus trinken, bevor er sie zurück in die begeisterten Zuschauer warf. Ein schwarzgeflecktes Ferkel kriegte er geschenkt, das gleich klein und grunzend entwich. Jemand überreichte ihm eine weisse Taube. Fröhlich warf er sie in die Luft, wo sie nach kurzem Geflatter unter dem blechernen *paso doble* der Kapelle in einer schnurgeraden Linie aus der Arena flog.

Ausserhalb der Arena herrschte zu diesem Zeitpunkt noch vorfestliche Nervosität. Jugendliche aus den Städten des Nordens, «Punks» hiess es in den Zeitungen, hätten einen ganzen Stadtteil besetzt. Bei einer Demonstration der streikenden Hotelangestellten sei es zu Ausschreitungen gekommen, und der Bürgermeister prophezeite über Radio und Fernsehen das Ende der Welt oder wenigstens den Untergang der Stadt Valencia, wenn nicht bald vermehrt auf den Gebrauch von Privatwagen verzichtet würde. Der Verkehr, die Müllabfuhr, die ganze Versorgung schien zusammenzubrechen. Die Stadt war überfüllt, verstopft, hoffnungslos überfordert.

Und doch waren sämtliche Probleme schon bald nur noch Nebensächlichkeiten. Am Mittwoch, Punkt zwölf in der Nacht, mussten die *fallas*, die dem Fest den Namen geben und um welche es sich eigentlich dreht, fertig aufgebaut in den Gassen stehen.

Eine *falla* ist eine kaugummibunte Riesenfigur aus Holz und Papiermaché, die von kleineren, meistens ebenso barockhässlichen, angeblich satirischen Gruppen von Puppen, den *ninots*, umlagert, ein thematisches Ganzes bilden sollte. Mit wenigen Ausnahmen ist ihr Stil einheitlich grauenvoll groteskkitschig, absolut unansehnlich bis geschmacklos. Auf Nichtvalencianer wirken sie austauschbar und beliebig, wie zusammengewürfelte Versatzstücke aus einem Billigst-Disneyland, ihr Humor ist verstaubt, verklemmt, und in ihrem Kolossalismus widerspiegelt sich noch immer jene Ästhetik, die in Zeiten der Diktatur alles dominierte.

360 von diesen *fallas* waren über die ganze Stadt verteilt aufgebaut worden. Nicht überraschend hat man in andern Jahren in Valencia auch schon etliches aufgebaut, was sich in Sachen Grössenwahn durchaus mit diesem Frühlingsfest messen kann. Beispielsweise die Freiheitsstatue von New York, den Koloss von Rhodos, den Turm zu Babel, auch die beinahe originalgetreue Nachbildung einer Mondrakete. Der Koloss von Rhodos musste zwar zweimal aufgebaut werden, denn beim ersten Versuch fiel er nicht den Flammen, sondern der Schwerkraft zum Opfer. Wunderbar gebrannt haben sollen dagegen auf Anhieb die Nachbildung einer Concorde ebenso wie ein hölzerner Eiffelturm.

Es heisst, das Verbrennen von *fallas* sei auf einen Zunftbrauch zurückzuführen. Am 19. März, am Tag ihres Schutzpatrons, dem heiligen Joseph, hätten die Schreiner und die Zimmerleute ihre Werkstätten entrümpelt und mit den Holzresten, bevor sie sie anzündeten, mit den Jahren immer ausdrucksstärkere Haufen gebildet, schliesslich eben satirische Figuren gestaltet und aufgebaut.

Zweifellos gehen die wesentlichen Aspekte aber auf vorchristliche und arabische, die Fruchtbarkeit beschwörende Frühlingsrituale zurück, die in verschiedenen Formen auch andernorts überlebt haben.

Hergestellt werden die *fallas* im Auftrag gewählter Festkommissionen von 200 Künstlern und Künstlerinnen und Tausenden von Helfern in einem Lagerhauskomplex von der Grösse einer Autofabrik. Unter strengster Geheimhaltung werden die Figuren das Jahr über entworfen und in Einzelteilen gebaut. Kommt aber endlich der grosse Moment, in welchem sie in den Gassen und auf den Plätzen stehen, beginnt ganz Valencia sich die Füsse wund zu laufen, um möglichst alle sehen, bewundern und taxieren zu können.

Das Vorhaben, ebenfalls möglichst selbst alle anzuschauen, gab ich schon nach einem guten Dutzend auf, setzte mich in ein Café und bestellte einen Krug valenzianisches Wasser, welches aus dem Saft jener Orangen besteht, für die die Region berühmt ist, und der, fast zu köstlich, um rein getrunken zu werden, mit Sekt verdünnt wird.

Anstatt den kitschigen Pseudokunstwerken nachzulaufen, liess ich das Festvolk an mir vorbeiziehen. Mittlerweile waren auch die fahrenden Händler aufgetaucht, überall hatten sie ihre Stände aufgebaut, und die Stadt war vollends zur Kasbah geworden. Da waren sie auch wieder, all die so typischen spanischen ovalen Gesichter, all diese verkleinbürgerlichten Kleinbauernköpfe, all diese noch nicht ganz abgewetzten, noch nicht geglätteten Kanten. Da war auch der unverwechselbar südländische Mann mit dem Zahnstocher im Mundwinkel und der Fussballzeitung unter dem Arm, da war die bleiche, heftig rauchende junge Mutter mit dem Kinderwagen, da war der pomadige Señor in Lackschuhen, der mit einer stattlichen Wamme in seinem Anzug schwitzte und mit seiner Pose der Selbstüberschätzung an eine vergangene Zeit erinnerte. Da war auch die Grossmutter, die sich beidseitig von Töchtern oder Schwiegertöchtern stützen liess, obschon sie die Hilfe vielleicht gar nicht benötigt hätte, dann der alte Mann vom Land, der noch immer über alles staunte, sie alle gingen pflichtbewusst von *falla* zu *falla*, blieben schon ab und zu stehen, trockneten sich die Stirn mit einem bestickten Tuch, schlüpften aus den Schuhen, um, gegen eine Hauswand gelehnt, kurz den schmerzenden Fuss am andern zu reiben. Ein Zigeunerjunge schlug die Pauke, ein entwischter Dackel kläffte, und ein kleines Mädchen schrie nach dem langsam in die Höhe entschwindenden Luftballon. Unglaubliche Massen von Menschen drängten vorbei, ganz Valencia rieb sich die

Schultern, gut gelaunt und wohlgenährt erklärte man sich die banalsten Einzelheiten, schau hier! schau dort! man las sich die an die Figuren gehefteten Spottverse vor, kicherte und kaute an der Sonnenbrille. Und immer neu hiess es «Ah!» und immer wieder hiess es «Oh!»

Wie es sich für ein grosses spanisches Fest gehört, haben sich die Bewohner von Valencia auch eine Königin gewählt. Sie heisst weder Carmen noch Pilar, auch nicht Montserrat und nicht Maria, sondern Marta. Sie ist Studentin der Volkswirtschaft, hat zwar kluge warme Augen und ist zweifellos sehr attraktiv, wirkt in ihrer elaborierten Tracht aber eher brav und kleinbürgerlich als königlich, und in ihrer anachronistischen Rolle auch nicht sehr glücklich.

Zusammen mit ihrem Hofstaat von zwölf weiteren Ehrendamen zeigte sich die Königin täglich auf dem Balkon des Rathauses. Zwischendurch besuchte sie Gefängnisse und Krankenhäuser, verteilte Preise und Urkunden, war Ehrengast bei den Zarzuelas, den spanischen Operetten, die im Stadttheater gegeben wurden, ebenso wie an den Stierkämpfen und bestimmt auch an den täglich in der Kathedrale zelebrierten Grossmessen. Bestimmt hatte sie sämtliche Würdenträger der Stadt mindestens einmal zu küssen. Jedenfalls wollten diese alle mit ihr für die Presse posieren. Damit die Königin ihr Programm überhaupt bewältigen konnte, wurde sie von Polizeistreifen mit Blaulicht durch den täglich stärker zusammenbrechenden Strassenverkehr geschleust.

Zwei ganze Tage lang präsidierte sie den längsten Blumenumzug, den man sich vorstellen kann. Über 100 000 an der Zahl, kamen Männer und Frauen aus den Dörfern und Städten der ganzen Region. Ihre schmucken Trachten auf das Feinste herausgeputzt, die Frauen das Haar mit ziselierten Kämmen kunstvoll hochgesteckt, schritten sie stundenlang quer durch die Stadt, überbrachten ihrer Jungfrau Maria, der Schutzherrin von Valencia, je einen Arm voll bunter Blumen – Symbol des Frühlings und der Fruchtbarkeit.

Und immer wieder erklang ein Trompetenstoss, noch einer, dann die einsetzende Trommel, Paukenschläge. Aus allen Gassen heraus marschierten Kapellen, die einen recht förmlich in einheitlicher Uniform und im gleichen Takt, andere eher als bunte Haufen, dafür aber locker und fröhlich. Puppenhaft zurechtgemachte Kinder trippelten in geschnürten Sandalen und weissen Strümpfen den Musikanten voraus und hinterher, die Frauen gaben sich noch hohlkreuziger als üblich, aber die aufgeräumten Männer zeigten doch langsam die ersten Spuren von Müdigkeit.

Die Nächte waren kürzer geworden. Nach dem allabendlichen Grossfeuerwerk um Mitternacht begannen Konzerte und Tanzveranstaltungen, die vielen Diskotheken machten ihre Tore gar nicht mehr zu. Noch im Morgengrauen drängten sich im Zentrum die Menschen wie nach einem Fussballspiel, und in den Aussenquartieren sass man noch immer familienweise an den langen Tischen in den Strassen, wo unmittelbar vor den Haustüren auf offenen Feurstellen zubereitete, für Valencia typische *paellas* gegessen worden waren, lachte, zechte oder trank heisse Schokolade, zu der es *buñuelos,* valencianische Pfannkuchen gab.

Ich flüchtete mich erst einmal in den Hafen, um für den Schlussakt des Festes, für die Nacht des Feuers, neue Kräfte zu sammeln. Ich ass im «La Pepica», in einem wunderbar beruhigend blau gekachelten Restaurant, das dank Hemingway in der Weltliteratur einen Platz gefunden hat. Es war angenehm, während die Köche in der offenen Küche Fische brieten und die Kellner an der Theke um Kaffees kämpften, die bei der riesigen Nachfrage nicht schnell genug gebrüht werden konnten, fern von Gewimmel und Gewühl auf das Meer hinausschauen zu können, auf das frühlingshafte Mittelmeer, das zaghaft seine weiss schäumenden Wellen auf den Sandstrand warf.

Und dann stand plötzlich die ganze Stadt in Flammen.

Über 300 *fallas* loderten auf wie Erstaugustfeuer an Strassenkreuzungen und auf Plätzen mitten in der Stadt.

Am Samstag um Mitternacht, nach abermaligem Geknalle und Gekrache, dass die Trommelfelle schmerzten, erreichte der Tanz der Pyromanen endlich seinen Höhepunkt. Die gewaltig brennenden *fallas* warfen gespenstische Schatten auf die Fassaden, krachten und knisterten, Rauchfahnen stiegen aus allen Gassen, der Himmel über Valencia glühte, die ganze Stadt schien zu zittern und zu beben. Die in den Figuren karikierten Persönlichkeiten aus Film und Fernsehen, die Politiker, alle die in den *fallas* an den Pranger gestellten Sünder, alle die Bewunderten und die Beneideten, sie standen plötzlich in einem inquisitorischen Feuer. Erst war es, als schwitzten sie unter ihrem Make-up, dann blätterte ihre Farbe ab, sie vergilbten, schwankten, stürzten, zerfielen, zerkrümelten. Schon tanzten die Kinder einen Reigen um ihre Asche, hüpften über die letzten aufzüngelnden Flämmchen am Boden, und ein paar Minuten lang war die Welt ganz rein und leicht. Ganz plötzlich herrschte Stille. Eine wohltuende Ruhe begann sich auszubreiten, und wenn es stimmt, dass sich der Winter mit Feuer und Krach vertreiben lässt, sollte er in Valencia für eine Weile nicht mehr zu sehen sein.

(April 1988)

# El Cordobés kehrt zurück
*Popularität eines anachronistischen Rituals*

Das Publikum schreit auf. Ein junger Mann ist über die Abschrankungen gesprungen. In Lumpen gekleidet rennt er mitten in die Arena auf den Stier zu. Flink entfaltet er ein rotes Tuch, entgeht einmal, zweimal und noch einmal den spitzen Hörnern. Das Publikum tobt vor Begeisterung. Der Mann in Lumpen hat dem offiziellen Torero die Show gestohlen. Von der Polizei verfolgt, flüchtet er Hals über Kopf aus der Arena. Zuschauer helfen ihm. Er rennt durch die Gassen davon, springt durch ein offenes Fenster. In dem grossbürgerlichen Haus schnarcht die Señora gerade die Siesta, aber der Señor sieht auf von seinem Buch, sieht den Eindringling, hört auch schon das Poltern an der Tür. Die Polizei! Schnell klärt sich die Lage. Der Eindringling ist ja gar kein Dieb, er ist ein hungernder «Sponti-Torero», ein Held! Natürlich wird er vor der Polizei versteckt, und wenn er Jahre später zurückkommt in das bürgerliche Haus, kommt er als berühmter Mann im schwarzen Anzug. Er komme, um zu danken und möchte um die Hand der Tochter des Hauses anhalten.

So geht ein populärer Mythos, und so zeigt ein populärer Film den Aufstieg von Manuel Benítez, genannt El Cordobés. Kein anderer Stierkämpfer hat Märchenhafteres zu bieten: vom Hühnerdieb in der armen andalusischen Provinz Córdoba, der sich selbst Lesen und Schreiben beibringt, zum Rolls-Royce fahrenden Grossgrundbesitzer! *Rags to riches* klassischer als in Amerika. Der Stierkampf macht es möglich.

Der Grösste war El Cordobés jedoch nie. Da sind sich die Experten ziemlich einig. Aber die Leute auf den Dörfern, die jährlich nur einen oder zwei Kämpfe sahen, die liebten und verehrten El Cordobés. Er war einer von ihnen. Auf die üblichen Fragen nach Angst und tödlicher Gefahr antwortete er gelassen, zu hungern sei schlimmer. Man mochte seine spektakulären Posen, seine für geübte Kenneraugen durchschaubaren Mutproben, seine Zirkustricks. Böse Zungen sagen ihm nach, er sei der Lieblingsstierkämpfer der englischen Sekretärinnen auf Urlaub gewesen. Die Herzen der anspruchsvollen Stierkampffans vermochte er nur begrenzt zu erobern, denn diese wollen keine Gladiatoren, sie lieben ihr archaisches Ritual ernst, priesterlich und tödlich.

Armes Land, das Helden braucht; aber wie im Krieg fallen die wahren Helden der Tauromachia im Kampf. Der beste Torero ist ein toter Torero. So ist El Cordobés einer der erfolgreichsten aller Zeiten, doch dem Ruhm derer, die seit seinem Rückzug ihr Leben in der Arena gelassen haben, hat er nichts entgegenzusetzen. Er wurde zwar reich, andere aber haben sich ihrer Kunst und der Todessehnsucht geopfert. Nur sie werden mit der Aussicht auf Unsterblichkeit belohnt.

Vielleicht ist es einfach Langeweile, vielleicht sind es aber auch diese Unterschiede, die ihn seinem Alter zum Trotz zurück in die Arena treiben und immer wieder spektakuläre Comebacks ankündigen lassen. Bis jetzt scheiterten diese zwar an überrissenen finanziellen Forderungen, doch einmal mehr hat sich El Cordobés in diesem Jahr mit der Fernsehanstalt «Antena 3» auf einen Vertrag für vier Kämpfe eingelassen.

Bekanntlich ist der Stierkampf ein umstrittenes Ritual. Vorchristliche Grausamkeit verbindet sich mit Opferbereitschaft, Aberglauben, Fruchtbarkeitssymbolik und Teufelsaustreibung. Auch Viehtreiberkunststücke gehören dazu. Denn wie nähert man sich ohne Schusswaffe dem Stier einer wilden Herde, wenn nicht zu Pferd und mit List?

Nicht selten reagiert das europäische Ausland auf die Kämpfe schockiert und aggressiv. Ohne Zugang zum ausbalancierten Spiel der Emotionen, sehen Touristen und Touristinnen nur das leidende Tier und häufen Hass auf den Torero, wünschen ihm ein spitzes Horn in den Bauch oder schmeissen mit Gegenständen nach ihm. Oft machen sie in ihrer Wut eine stärkere Katharsis durch als die barbarischen einheimischen Zuschauer und Zuschauerinnen, denen sie sich zivilisatorisch überlegen fühlen.

Jährlich werden ausserhalb der grossen Arenen dem Stierkult Dutzende von Menschen geopfert. Ihr Tod wird mit Gleichmut hingenommen. Fernab vom grossen Geld, fern von Glanz und Ruhm, lassen sich Jugendliche bei Treibjagden und Überführungen der Kampfstiere in die Arenen durch Gassen und Strassen zertrampeln. Sie geraten bei Dorffesten besoffen vor die spitzen Hörner oder stürzen bei der Flucht vor diesen über Stützmauern hinunter, verrennen sich in Sackgassen oder vor verbarrikadierten Hauseingängen, wo sie nach allen Regeln der Natur aufgespiesst werden. Oder sie werfen Steine nach den Stieren und wilden Kühen und treffen einander dabei selbst. Das Leiden, dem die Tiere bei diesen Tausenden von kleinen Anlässen ausgesetzt werden, verhält sich zu jenem in den offiziellen Kämpfen ungefähr wie die Grösse eines Eisbergs zu seiner sichtbaren Spitze.

Auch in Spanien gibt es eine stierkampfkritische Tradition. Sie geht zurück bis zu den entlarvenden Zeichnungen eines Goya. Ununterbrochen werden Gesetze und Reglemente gestrafft und schrittweise humanisiert. Bereits hat Katalonien eine Tierschutzverordnung, die Stierspiele und Kämpfe ausserhalb der Arenen verbietet. Dennoch nimmt die Popularität des Stierkampfes eher zu als ab. Im Jahr 1993 wurden beispielsweise 630 reglementarische Stierkämpfe ausgetragen, 43 mehr als im Vorjahr. Nicht weniger als 150 von diesen Grossanlässen wurden vom Fernsehen übertragen. Vor allem Privatsender haben damit ihr Publikum reichlich eingedeckt. Wie eine Studie zeigt, besteht dieses gut zur Hälfte aus Frauen.

Ähnlich überraschend ist auch die Tatsache, dass sich in den letzten Jahren mit Cristina Sánchez eine Frau unter die meistdekorierten Nachwuchstoreros geschoben hat. Cristina Sánchez stammt aus Madrid, wo sie die Stierkampfschule absolvierte. An 34 Kämpfen hat sie jeweils zwei Stiere erstochen. 51mal wurde ihr ein abgeschnittenes Ohr als Trophäe überreicht.

Das angekündigte Comeback von El Cordobés ist auch ein Zeichen dafür, dass die auf ihre ersten Höhepunkte zulaufende Saison der letzten kaum nachstehen wird. Vielleicht lieben viele Spanier und Spanierinnen ihr tödliches Ritual schon nur aus Trotz gegenüber den für sie noch so neuen europäischen Zusammenhängen. Der Stierkampf ist ausschliesslich «ihr» Fest. Nicht unter Sport oder Kultur fällt es, in traditionellen Zeitungen wird darüber in der Rubrik «Fiesta Nacional» berichtet.

Vorstösse im Europarat, dieses Fest zu verbieten, wurden von spanischen Abgeordneten bis jetzt geschickt abgeblockt. Die Abstimmungen konnten jeweils auf Tage verschoben werden, an welchen sich keine beschlussfähige Mehrheit im Rat aufhielt.

(Mai 1994)

# Das Hotel Pegaso – null Sterne, sechs Räder
*Unterwegs im Lastwagen durch Nordspanien*

Und der Lastwagen, der rollt, brummt, rollt von Stadt zu Stadt. Der Lastwagen durchquert eine Woche lang Wüsten und Steppen, fährt durch Tunnels und über Pässe, fährt von Kultur zu Kultur, von Sprache zu Sprache, von Kneipe zu Kneipe. Und immer ist Spanien noch grösser, noch vielfältiger, noch ergründlicher als am Tag zuvor. Der Lastwagen fährt über ausgetrocknete Flüsse, über leere Stauseen, durch abgebrannte Wälder, quer durch Land und Zeit und immer von Baustelle zu Baustelle.

Noch ist in Spanien die Strasse heilig. Überall werden ihre Kurven begradigt, ihre Steigungen gebrochen, ihre Fahrbahnen mit einem schwindelerregenden Landverschleiss verbreitert. Dort, wo sie ausgedient hat, bleibt sie liegen. Vom neuen Viadukt herunter sind die Haarnadelkurven der älteren Streckenführung zu sehen, auch eine Brücke, die halb zerfallen über eine noch ältere Strasse führte, über eine, an der ein Dorf steht und auf der schon wieder Kinder ungefährdet spielen können.

Der Lastwagenfahrer Julián Traver schüttelt beim Anblick der aufgerissenen Landschaft den Kopf. Er ist kein Freund der neuen Strassen. Die Autobahnen, die neuen Brücken, Abkürzungen und Nivellierungen verheissen ihm keine Arbeitserleichterung, nur Langeweile. Julián Traver will nicht zum Automaten degradiert werden, der, brav und stur weissen Markierungen folgend, die paar Millionen Strassenkilometer abspult, die ein Berufsleben hergeben. Ohne jegliche Freiheit, ohne Unterbruch auf Abruf der Willkür der Frachtagentur ausgesetzt.

Wenn sich Julián Traver am Steuer ärgert, putzt er mit einem Pinsel den Staub von den Armaturen.

«Natürlich mache ich auch Lärm, mein Auspuff ist kein Weihrauchfass, trotzdem fahre ich gerne von den grossen Strassen runter hinein in die Dörfer. Da gibt es Menschen, da sind Veränderungen zu sehen. Immer nur Autobahn, nein danke!»

«In viele Städte lassen sie grosse Lastwagen doch gar nicht mehr rein.»

«Trotzdem wollen alle immer mehr Waren von noch weiter her hausgeliefert haben.»

Um seinem eigenen Rhythmus folgen zu können, will Julián Traver auch kein mobiles Telefon. Seine Auftraggeber kennen die Route, und seine Familie kann ihm unterwegs jederzeit eine Nachricht hinterlassen. Die Route führt durch zwanzig Provinzen in alle grossen Städte nördlich von Madrid.

Es ist nicht schwer zu sehen, dass Julián gerne fährt. Oft freut er sich auf die nächste Kurve. Sein Ehrgeiz ist, mit möglichst geringem Aufwand an Lenk- und Schaltleistung der Strasse die ideale Linie abzuringen. Zwischendurch kratzt er sich den Rücken an der Lehne, schmiegt sich danach wieder tiefer in seinen Sitz. Als sässe er vor dem Fernseher und nicht am Lenkrad eines 27-Tonnen-Lasters.

Der Lastwagen ist ein dreiachsiger Pegaso vom Typ 1083. Er ist achtzehn Jahre alt. Vor zehn Jahren hat er ihn für umgerechnet rund 45 000 Franken gekauft. Der Pegaso ist der letzte Lastwagen, der in Spanien in Eigenregie gebaut worden ist. Noch wimmelt es auf den Strassen davon, aber die Marke existiert nicht mehr, sie wurde von Iveco übernommen.

Das Einsteigen in den Pegaso will geübt sein. Auch das Aussteigen. «Mit beiden Händen an den Bügeln festhalten! Und immer rückwärts!» warnt Julián. Einmal installiert im Beifahrersitz, geniesse ich einen Panoramablick wie auf den vordersten Plätzen eines Autobusses erster Klasse. Ich habe Raum für die Beine, kann mich ausbreiten und einrichten wie in einem leeren Zugabteil. Und dem Blick eröffnen sich neue Perspektiven: Kein Zaun, keine Ladenwand, keine Friedhofmauer hindert ihn daran, in die Weite der Landschaft zu schweifen. Der restliche Strassenverkehr dagegen wirkt plötzlich harmlos und ungefährlich, er ist eine Nebensächlichkeit, die sich irgendwo da unten abspielt.

Anfangs scheint der Lastwagen in jeder Kurve auf die andere Fahrbahn zu geraten, doch einer der drei Rückspiegel auf der rechten Seite zeigt nur die Räder, und diese rollen genau der weissen Markierung am Strassenrand entlang.

Das zweite Rad rechts ist neu. Vor der Abfahrt hat Julián aus einem Werkzeugkasten unten an der Ladebrücke einen meterlangen Steckschlüssel geholt und die Schraubenmuttern nachgezogen. Jede war so gross wie eine Kaffeetasse. Ein Rad wiegt 150 Kilogramm. Kommt es zu einem Wechsel, müssen Rad und Ersatzrad mit einer mechanischen Vorrichtung gehoben werden. «Bloss nicht davon reden», sagt Julián, der als Besitzer des Pegaso zwar freier Unternehmer, mit seinem Einmanntransportbetrieb jedoch nicht so unabhängig ist, wie er gerne sein möchte. Ein unbestechliches Auge, ein grosser Bruder, kontrolliert seine ganze berufliche Tätigkeit.

Der grosse Bruder ist der Fahrtenschreiber, kurz *el disco,* die Scheibe, genannt. Alle vierundzwanzig Stunden wird diese ausgewechselt, sie registriert und diktiert die tägliche und die wöchentliche Lenkzeit. Mehr als neun Stunden pro Tag darf nach EG-Norm nicht gefahren werden. Nachts muss der Lastwagen mindestens acht Stunden stillstehen. Die höchstzugelassene ununterbrochene Lenkzeit beträgt viereinhalb Stunden, danach ist eine dreiviertelstündige Pause vorgeschrieben.

Aber Julián nützt bei weitem nicht nur die gesetzliche Haltezeit, er findet quer durch Spanien laufend neuen Anlass, eine zusätzliche Pause einzulegen. «Gehen wir frühstücken, bevor uns der Magen zusammenklebt wie ein alter Weinbeutel. Sich womöglich noch selbst auffrisst! Und wozu hat der liebe Gott die Hitze erfunden, wenn nicht, um uns Durst zu bescheren, den es unverzüglich zu löschen gilt!»

Oder er kennt in einem Dorf einen Wirt besonders gut, in einer Gaststätte eine Wirtin besonders lang. «Und wozu halten wir hier?» frage ich mehr als einmal. «Oh, hier ist es üblich, anzuhalten.» Und schon klettert er – immer rückwärts – vom Pegaso herunter, stopft sich das Jeanshemd in die Hose und winkt mir, ihm in eine Kneipe zu folgen.

Die typische spanische Kneipe ist die Bar. Sie ist so unvergleichlich wie unentbehrlich. Sie ist auch ein Geschenk an die paar hunderttausend spanischen Lastwagenfahrer. Ob bei einer Tankstelle mitten in den unendlichen Weizenfeldern Kastiliens oder mitten in einer Stadt, immer ist die Bar Treffpunkt, Imbissbude, Auskunftsstelle, Telefonzentrale, Spielhalle, Fernsehübertragungsort für Stierkämpfe und Fussballspiele, Zweitadresse für Frachtgut und Postsendungen, Kiosk und sowohl Altersheim wie Kindertagesstätte. Hygienisch einwandfrei oder gar appetitlich und für Fremde gemütlich ist sie selten, im milchproduzierenden Norden kann sie ebenso penetrant nach Kuhmist riechen wie im Süden nach einer Überdosis Javelwasser. Aber in der spanischen Bar kostet ein Bier nie mehr als hundert Peseten, ein Gläschen Landwein gibt's praktisch geschenkt, und ob Stadt oder Land, ob Tag oder Nacht, eine spanische Bar ist immer geöffnet.

Meistens hantiert ein bleicher Wirt mit Strähnen im Gesicht und einer ewig schmutzigen Schürze oder eine müde Wirtin an der Kaffeemaschine, braut den Kaffee mit oder ohne Milch, mit Brandy oder Anis oder noch billigerem Schnaps, zapft Bier, klemmt getrockneten Schinken zwischen überdimensionierte Brote, angelt Oliven aus Blechbüchsen, taucht auf der Suche nach dem letzten Eiswürfel in die Gefriertruhe.

Oder sie schenken Wein aus. Immer in ortsübliche, immer andere, unterschiedlich sauber gespülte Gefässe. In der Region Valencia waren es eben noch hohe, schlanke, im Baskenland sind es schon dickwandige, becherähnliche Gläser. Diese werden in Reihen auf die Theke gestellt, und ohne den Strahl zu unterbrechen, fährt der baskische Wirt mit der Flasche darüber, dass es glunscht und schlägt und spritzt. Zwei Tagesreisen später stapeln sich in der galicischen Taverne an der Wand ganze Berge von bauchigen, weissen Porzellanschalen. Diese werden aus einem weissen Krug sanft mit einem leichten, im Sommer äusserst bekömmlichen Landwein – dem Ribeiro – gefüllt, und sanft und langsam werden sie wieder leergeschlürft.

Auf ganz besondere Art sind Wirtsleute beim Ausschank in Asturien gefordert. In diesem grünen Fürstentum des spanischen Nordens wird mit Vorliebe Apfelwein getrunken, und um diesem Spritzigkeit zu verleihen, schenken sie ihn in hohem Bogen aus. Sie heben die Flaschen mit ausgestrecktem Arm hoch über die Schulter und lassen den Strahl auf den Rand des Glases prasseln, das sie mit der andern Hand so tief wie möglich halten. Das Glas ist dünnwandig, es soll vibrieren, den Apfelwein wecken und aufrütteln.

Sofort stürzen die Gäste das Glas in einem Zug hinunter, bleibt ein Rest zurück, wird dieser mit einer geringschätzigen Geste auf den Boden geschüttet, wo knöcheltief eine Schicht Sägemehl liegt. Beim Saubermachen nach Kneipenschluss häuft es sich kniehoch zwischen Tischen und Theke, und das ganze Lokal riecht dann wie eine Mosterei im Emmental.

Die eifrigsten Wirte aber sind die Basken. Einer von ihnen rühmt eben mitteleuropäische Tugenden wie Ordnung und Sauberkeit. Von seinem Besuch in Interlaken wird er sich nie mehr erholen. Während er immer leckerere Vorspeisen auf die Theke stellt, zeigt er hinaus auf einen Müllberg in der Strasse und ist kurz vor dem Weinen. Seine Bar ist klein und voll. Ein ganzer Männerchor kommt von der Probe, singt noch einmal das Lied des Abends. Danach zeigt der Wirt auf die Zeitungen unter meinem Arm. Er hat dort auch «Egin» gesehen, ein den radikalen Nationalisten nahes Blatt, das die Artikel am liebsten auf baskisch druckt.

«Das ist unser grosses Problem», sagt er mit plötzlich ernsthafter Stimme. Auf meine etwas frivol gestellte Frage, ob er auch Revolutionssteuer bezahle, antwortet er mit einem Lachen. «Mit dieser kleinen Bar? Was können die schon von mir wollen!»

Auf einer andern Theke, ausserhalb von Bilbao, liegt «Egin» gleich doppelt. Aus der Küche kommt hier eine sehr fremd klingende, unverständliche Sprache. Der Wirt hat dieses breite Baskengesicht mit den dunklen Brauen unter einer leicht fliehenden Stirn, und der Wein, den er neben Brot und Eierkuchen stellt, stammt aus einer Kellerei, die Zugazabeita heisst. Dieser Wirt findet, «Egin» sei die einzige vernünftige Zeitung im Land. Mit «Land» meint er jedoch nicht Spanien, denn damit hat er nichts am Hut. Wird ein Fussballspiel der spanischen Nationalmannschaft übertragen, macht er den Fernseher sofort aus, obschon dieser sonst ununterbrochen läuft.

Der Lastwagen rollt in ein sich verengendes Tal, Kurve folgt auf Kurve, die Strasse steigt, fällt, dreht, eine Brücke ist nur wenige Zentimeter breiter als der Pegaso, es folgt eine Baustelle, der Belag ist aufgerissen, Julián schaltet in den Kriechgang, blinkt, beugt sich vor, um in alle Spiegel gleichzeitig sehen zu können, vor einer Kurve hupt er, vor der nächsten macht er das Radio aus und meldet über Funk allfälligem schwerem Gegenverkehr, dass er eine besonders schmale Stelle vor sich habe. Hinter ihm stauen sich die Autos. Wieder auf einem geraden Stück, schaltet er den rechten Blinker ein, gibt der Kolonne Gelegenheit, ihn zu überholen.

Ein leichter Regen setzt ein, irgendwo da vorne muss der Golf von Biskaya und Bilbao sein, die Meeresnähe ist zu spüren.

Manchmal fährt Julián Traver nur bis zu einem Lagerhaus in einem Industriekomplex. Kann er einen Kunden im Zentrum nicht direkt beliefern, weil die Gasse zu eng oder der Verkehr zu dicht ist, parkt er den Pegaso beim Fussballstadion, wo es auch für einen Lastwagen immer genügend Platz gibt und wo in einen Lieferwagen umgeladen werden kann.

Geladen hat der Pegaso in Einzelteile zerlegte und in Karton verpackte Büromöbel, die er für die Herstellerfabrik vertreibt: Regale, Aktenschränke, Schreib-, Telefon-, Computer- und Konferenztische verschiedenster Grösse aus Stahl und Edelholz. Ausser mit Nummern und Adressen ist jede Lieferung auch mit Farbklebern gekennzeichnet. Einmal sind es drei oder vier, einmal sind es hundertdreissig Pakete. Während des Abladens zeigt Julián gerne auf seinen Helfer und erzählt seinen Kunden, dass ich ein ihm bekannter ausländischer Journalist sei, einer, der sich – er wisse auch nicht warum – für das Leben der Lastwagenfahrer interessiere. Ich sei einer, der überall Zeitungen kaufe, sogar das Terroristenblatt «Egin».

«Und wo schläft dein importierter Helfer?» wird er dann gefragt.

«Dort auf der Matratze.»

«Wie? Im Lastwagen auf der Ladebrücke?»

«Das ist das Hotel Pegaso. Sterne hat es keine, dafür aber sechs Räder.»

«Ist er Deutscher?»

«Nein, Schweizer.»

Unterwegs wird sehr wenig Fracht zugeladen. Ausser einigen Paketen mit Retournierungen nur in Bilbao ein falsch zugestellter Aktenschrank portugiesischer Fabrikation, der nach Valencia muss, vorher aber durch ganz Spanien reisen darf.

Schlafen tut Julián Traver in der fernsehbestückten Koje in der Führerkabine. Wenn er sich während der Fahrt eine Zigarette anzündet, nimmt er diese von einem kleinen Holztisch mit Fächern und Schubladen, wo er geordnet Agenda, Frachtbriefe, Karten, Stadtpläne und Wagenpapiere aufbewahrt. Gleich darüber baumelt vor der Windschutzscheibe ein roter Wimpel mit einem Heiligenbild.

«Und wer ist das?»

«San Cristóbal, Schutzpatron aller Chauffeure, Fuhrmänner, Taxifahrer und Ochsentreiber.»
«Ob der mal einen Lastwagen gesehen hat?»
«Nein, der hat Jesus Christus durch den Fluss getragen.»
«Und jetzt beschützt er euch?»
«Ja, aber bei achtzig Stundenkilometern steigt er aus.»
Nachdem er die Zigarette geraucht hat, nimmt Julián ein Fläschchen aus dem kleinen Schrank und versprüht eine Flüssigkeit, von der er behauptet, es sei Parfüm.
«Eigentlich bist du hier ja gut eingerichtet.»
«Natürlich, während der Woche ist das auch mein Zuhause.»
Danach zeigt er wieder auf landschaftliche Eigenarten, auf besondere Bäume, Brücken, Kirchen und Kneipen. Er zeigt auf alles, was ihm auf seinen Fahrten schon aufgefallen ist. Die baskischen Häuser haben es ihm ganz besonders angetan. Er liebt die ausladenden Dächer, die Blumen, die Steinmauern auf solidem Fundament.
«Siehst du, dass sich hier alles in besserem Zustand befindet als bei uns im Süden? Jeder Flecken Land ist kultiviert. Man hört es nicht gerne, wenn ich davon rede, wenn ich sage, die Basken seien weiter, seien anders. Aber es ist so. Wusstest du, dass die baskischen Männer kochen? Unseren Machismo gibt es hier nicht.»
Und während der Pegaso langsam, aber stetig die nächste Steigung nimmt, reicht es zwischen einer politischen Diskussion und einer Fussballsendung am Radio für eine Gratislektion Baskisch:
«'Ardua' heisst Gesundheit, und dieser kaum sichtbare Nieselregen, der wird 'chirrimirry' genannt.»
«Und warum steht hier überall auf Plakaten 'Erosky'?»

«'Erosky'? Das ist ein Supermarkt.»

Durch Vitoria fährt Julián hindurch, als wäre der Pegaso ein Stadtbesichtigungsbus. Hier kennt er jede Ecke, fühlt sich sogar zu Hause. Während Madrid zu den lärmigsten und müllgeplagtesten Hauptstädten der Welt gehört, ist die baskische Hauptstadt Vitoria diesbezüglich kaum anders als Salzburg oder Bern. Unspanisch gediegen, ist sie in den neuen Bezirken systematisch geplant. Die sonst überall wild wuchernden unfertigen Gebäude fehlen, die Strassen sind restlos asphaltiert, das übliche Verkehrschaos an jeder Kreuzung gibt es nicht. Hätte der Mann bei der Bushaltestelle neben der Ampel nicht wieder jenes breite Gesicht mit den unverwechselbaren Zügen, er könnte irgendwo in Europa stehen.

Wie andere spanische Städte ist aber auch Vitoria schnell und hoch gewachsen. Ganz plötzlich ist man in diesen Städten drin, fährt in sie hinein, wie durch eine Wand. Schon steht der Pegaso an einer Kreuzung zwischen zwanzig Stockwerke hohen Bienenwabenfassaden, urban gekleidete Menschen eilen vorbei, vor einem Laden sitzt ein angebundener Dackel, aber der Rückspiegel zeigt noch immer eine Kuhweide, einen Rebberg, die Stoppelfelder Kastiliens oder die Wüste von Teruel, in der die Tafelberge stehen wie geköpfte Eier.

Alle spanischen Städte tauchen mit einem gigantischen Mangel an architektonischer Phantasie auf und sind da. Sind da mit ihrer gnadenlosen Monotonie und einer beängstigenden Bevölkerungsdichte. Die Vorstädte sind aufgeschossen, wie mit zuviel Backpulver gebaut, und erdrücken die meist winzigen, historischen Zentren, aus welchen verloren und herabgewürdigt unvergleichliche Bauwerke ragen. Die Basilika von Saragossa, die Kathedrale von Santiago de Compostela – in der Skyline ihrer Städte sind sie nichts.

Aber so schnell, wie man in sie hineingerät, ist man wieder draussen in der offenen spanischen Landschaft, vor deren Grösse und scheinbarer Unendlichkeit die Wolkenkratzerstruktur dieser Städte ein Rätsel bleibt.

Einmal, zwischen Astorga und León, rollt der Pegaso auch auf dem Jakobsweg und kreuzt sich mit zwei Dutzend Pilgern, die nach Santiago streben. Die meisten gehen allein, tragen Rucksäcke und schwere Schuhe, einige auch Hüte und Pilgerstöcke. Eine Frau mit grauen Haaren unter der Kapuze zieht ihre Habseligkeiten in einem Einkaufswägelchen dem grauen Band der Strasse entlang. Sie alle verlieren sich vereinzelt in der Weite und bilden vor dem Hintergrund der aufgehäuften Städte einen Kontrast, der grösser nicht sein könnte.

Südlich der Stadt León fängt Julián einen Funkspruch auf, der vor einer Polizeikontrolle warnt. Erst zündet er sich eine Zigarette an, dann putzt er mit dem Pinsel die Armaturen, bis erst ein Streifenwagen, dann ein Guardia Civil auftaucht, der ihn anhält und die Papiere verlangt. Probleme gibt es keine. «Er hat nicht einmal die Scheibe verlangt», sagt Julián. Kurz darauf tut er, was ein Spanier selten tut. In einem langgezogenen, halbverlassenen Dorf steht eine junge Frau am Strassenrand. Der Pegaso hält, gewährt Vortritt. Doch plötzlich ein schriller, übermütiger Pfiff. Die Frau erschrickt, dreht sich um, lacht.

«Warst du das?»

«Das ist eine kleine, pneumatische Pfeifsirene. Die hat mir ein Freund aus Italien mitgebracht. Irgend etwas müssen wir Lastwagenfahrer ja tun, um unserem Ruf gerecht zu werden.»

Und kichernd vor Freude wie ein Kind gibt er Gas, schaltet, gibt Gas, fährt wieder hinaus in die kastilische Steppe, die mit ihrer zeitlosen Leere, mit den seltenen, halb ausgestorbenen Dörfern mitteleuropäische Reisende exotischer berührt als alles, was Spanien dem Auge zu bieten hat.

Die Dörfer bestehen aus wenigen Lehmhäusern, die sich um ein aus Stein gebautes Zentrum scharen, das entweder ein Schloss oder eine mittelalterliche Kirche ist. Dann kommt vielleicht bis zum Horizont eine einzige Baumgruppe, vielleicht auch keine. Oder nur ein zerfallener Zaun, sonst nichts. Oder weitab vom schnurgerade ausgelegten Band der Strasse eine vielhundertköpfige Schafherde, ein Hirt, der am Boden kauert. Vielleicht auch auf einer leichten Anhöhe, als gehörte er seit jeher dazu, einer der schwarzen Reklamestiere, die nach einem Landschaftsschutzgesetz überstrichen werden müssten, vorläufig aber als ästhetisch unproblematisch eingestuft stehenbleiben dürfen.

Der Strassenbelag und die Fahrgeräusche wechseln. Es wird die Provinzgrenze sein. Julián Traver zeigt auf eine Bucht. Die Sonne steht darüber. Die beiden Dörfer seien Santoña und Laredo, für ihre Sardellen berühmte Fischerorte. Das Meer ist stahlblau und trügerisch ruhig, als könnte man darauf spazierengehen. In einer stillgelegten Werft stehen die Kräne mit ihrem geknickten Gestänge wie kauernde Riesenvögel. Mit Steigeisen erklimmt ein Arbeiter am Strassenrand einen Mast. Dann wird aufgetankt. Für 20 000 Peseten gibt es diesmal 248 Liter Diesel. Der Lastwagen rollt weiter. Julián grüsst einen Bekannten, dem Gruss auf die andere Fahrbahn folgt ein kurzes Gespräch über Funk. Zu Strasse und Wetter gibt es nichts Wichtiges zu vermelden, die Verhältnisse sind ideal, das Fahren macht heute offensichtlich beiden Spass. Aber Empfehlungen von Esslokalen werden ausgetauscht.

Zweimal drückt Julián danach auf den Knopf der italienischen Pfeifsirene. Beide Male in einem kleinen Städtchen, einmal erntet er einen erbosten Blick aus einem errötenden Gesicht. Danach balanciert ein entgegenkommender Lastwagenfahrer die Hände offen über seinem Lenkrad.

«Und was bedeutet das?»

«Das Zeichen für die Waage. Da vorne gibt es eine Kontrolle, doch diesbezüglich haben wir nichts zu befürchten. Uns bleibt fast nur noch der portugiesische Aktenschrank. Und der ist aus Leichtmetall.»

Und weiter rollt der Pegaso der grünen Nordküste entlang. Keltische Dörfer tauchen auf, Klöster und Schlösser, Berge und immer wieder das Meer. Dann romanische Kirchen, die so einfach und perfekt in der Welt stehen, dass sogar ihr flüchtiger Anblick unvergesslich bleibt. Auch wenige Kilometer neben den bemalten Höhlen von Altamira in Cantabrien kommen wir vorbei.

«Wenn wir Zeit hätten», sagt Julián Traver jetzt öfter. Oder auch: «Wenn die Scheibe nicht wäre und wir nachts länger fahren könnten ...»

In Santiago de Compostela haben wir Zeit. Der Lastwagen muss acht Stunden stehen. Julián fährt auf den Parkplatz einer Tankstelle, wo wir unter prasselndem Regen und vom Wind geschüttelt eine lärmige, unruhige Nacht verbringen.

Vorher besuchen wir die aus Schiefer und Granit erbaute Altstadt, die den Ruf hat, im Regen und besonders nachts reizvoll zu glitzern und zu glänzen. Schon beinahe menschenleer, zeigen sich die mittelalterlichen Gassen mit ihren Arkaden, mit den altertümlichen Tavernen und Läden in einem schummrig-gelben Laternenlicht von der besten Seite. Die Tore der berühmten Kathedrale, wo der Heilige Jakob, der Schutzpatron ganz Spaniens, in einer Gruft liegen soll, sind zwar schon verriegelt, das grösste Weihrauchfass der

Welt, das hier an einem Seil wuchtig durch die Mitte des Kirchenschiffs geschwungen wird, kriegt heute niemand mehr zu sehen.

Aber der leere Vorplatz lädt zum Verweilen, die Fassade ist geschmackvoll zurückhaltend beleuchtet. Diese Kathedrale braucht nur wenig Licht, um ihre Betrachter zu überwältigen. Die hier aufgebaute Erhabenheit wirkt, wenn man nur zu zweit und mitten in der Nacht davorsteht, in ihrer Perfektion erdrückend.

«Ob man jetzt noch etwas zu essen bekommt?»

«Aber sicher.»

«Was isst man hier?»

«Tintenfisch nach galicischer Art.»

«Und dazu ein Bier?»

«Hombre! No! Weisser Ribeiro aus einer weissen Schale.»

«Und was noch?»

«Einen galicischen Grappa – einen Orujo. Besseren Schnaps gibt es in ganz Spanien keinen.»

In der Stadt Ferrol, in der Provinz La Coruña, fährt der Pegaso zweimal rund um einen grossen Platz, damit ich das Denkmal in der Mitte fotografieren kann. Hier wurde Franco geboren, und nur hier reitet er deshalb noch hoch zu Ross. Julián zeigt auch auf ein Dorf, aus dem Fidel Castros Familie stammt. Am Strassenrand ein Schild: Madrid 548.

Die Fahrt nach Orense dauert länger als geplant, die Strasse ist eine beinahe lückenlose Baustelle. Beim Tanken hat Julián den nächsten Kunden angerufen. Man wird auch nach Ladenschluss auf die Möbel warten. Viele sind es nicht. Die Ladebrücke ist schon fast leer.

Am Strassenrand blüht hier der Ginster. Eine Frau hält eine weidende Kuh am Seil. Zwei andere Frauen ziehen einen

Graswagen. Erbgesetze haben hier das Land und jeden Hof zerstückelt, die Kleinbauernstruktur ist nicht zu übersehen. Und wo der Blick hinfällt, stehen unfertige Backsteinbauten in der Gegend. Radikaler kann niemand eine Landschaft verschandeln. «Aber», sagt Julián Traver, «die Galicier haben eine eigene Küche, eine eigene Sprache und einen eigenen Charakter. Der melodramatische Stolz vieler Spanier ist ihnen fremd. Sie sind offen und herzlich. Ein keltisches Volk, das wie die Brasilianer spricht. Verarmt, wurden sie ein Emigrantenland.»

Während am Radio eine heftige Diskussion über den Einmarsch der Amerikaner in Haiti läuft, wird es dunkel, wird es Nacht.

«Und bei diesen vielen Bars mit den roten Laternen, hältst du da eigentlich nie?»

«Können wir machen. Aber nicht, dass du darüber etwas schreibst.»

«Natürlich nicht.»

«Was willst du eigentlich schreiben? Etwas über den 'chirrimirry'?»

«Vielleicht etwas über das Gesicht der Basken. Obschon das als rassistisch missverstanden werden kann. Aber wenn es mir gefällt?»

«Und das reicht?»

«Bestimmt schreibe ich auch, dass Lastwagenfahrer kenntnisreiche Reiseführer sind, dass sie nur mit einem portugiesischen Aktenschrank und viel ungenutzter Reise- und Tourismuskapazität durch die Gegend fahren. Und dass du eben wieder ein Rotlicht missachtet hast.»

«Wenn du das schreibst, zerreisse ich dir den Artikel.»

(November 1994)

# Mazet
*Reden und Schweigen eines Schankwirtes*

Vor den Wahlen im Jahre 1986 – es waren die dritten nach dem Ende der Franco-Diktatur – sagte mir mein Nachbar Mazet einmal, er sei zwar schon ein alter Grossvater, aber ein Fussballspiel am Fernsehen gefalle ihm doch immer noch besser als diese ewigen Gespräche und Interviews über Politik. Was soll das? Da kritisiert doch nur der eine den andern und der dritte kritisiert alle zusammen.

Mazet war der stolze Besitzer einer kleinen, aber traditionsreichen Taverne, in welcher er hinter dem Schanktisch gläserspülend ein halbes Jahrhundert lang das öffentliche Leben seines Dorfes beobachtet und mitverfolgt hatte. Ab und zu hatte er dies auch zu seinen Gunsten beeinflussen können. Meistens ziemlich geschickt und immer indirekt. Da sich in seinem Haus das einzige Telefon des Dorfes befand und weil niemand ein Gespräch führte, welches nicht er oder seine Frau mehr oder weniger diskret mitverfolgt hätten, wusste er mehr als alle andern. Aus den meist zwischen Verwandten stattfindenden Gesprächen bezog er sein Wissen über anstehende Reisen und Besuche, machte sich aber auch ein Bild von den jeweiligen familiären Vermögensverhältnissen. Natürlich wusste er so auch Bescheid über gesundheitliche Probleme in Haus und Stall.

Mazet besass aber jene diplomatische Geschicklichkeit, die vielen spanischen Schankwirten eigen ist. Sie erlaubte es ihm, meistens ein unschuldiges, beinahe beschränktes Gesicht zu zeigen. Nur wer ihn gut kannte, bemerkte zwischendurch, dass seine blauen Augen immer wieder verdächtig klug und klar leuchteten.

Keine Frage wäre konkret genug, um Mazet am geschickten Ausweichen zu hindern. Er weiss noch heute, wie man seine eigene Meinung zurückbehält. Das Vorspiegeln von Unwissen beherrscht er meisterlich. Mazet liebt es, seine Schultern anzuheben, seine Hände gespreizt von sich zu strecken und über die Theke hinweg zu fragen: Ich? Was weiss denn ich schon?

Er war fähig, den Bericht über ein Ereignis im Dorf, das er zu ignorieren vorgab, in seiner ganzen Länge mit staunender Miene und wiederholtem ungläubigem Kopfschütteln anzuhören, um im Geheimen zu überprüfen, ob seiner Version nicht möglicherweise doch noch ein wichtiges Detail hinzugefügt werden könnte. Danach pflegte er den Beeindruckten zu spielen und zu sagen: Oioioi, wenn ich das erst meiner Frau Rosita erzähle. Wenn die wüsste, oioioi! Griff er dann, um die Gläser nachzufüllen, nach einer Wein- oder Schnapsflasche, so nahm er diese von einem Regal hinter seinem Rücken, über welchem lange Jahre hindurch ein offizielles Schild an der Wand hing. Das Schild besagte, dass in diesem Lokal jegliches Fluchen und auch jegliches Reden über Politik nach Gesetz und unter Strafe verboten sei. Auch heute redet Mazet nur ungern über Politik. Er mischt sich nicht ein. Statt dessen redet er über die Welt, über die zu reden nie verboten war.

Mit detailbesessener Schärfe beobachtet er das Wetter, den Himmel, den Mond und – die Nachbarn. Doch eigentlich redet er nicht über seine Welt, er kommentiert sie. Diskussionen oder gar Auseinandersetzungen sind ihm fremd. Erzählt er von einem Gespräch, das er mit jemandem geführt hat, dann sagt er: Dies und das haben wir kommentiert. Und wenn Mazet etwas kommentiert, dann schenkt er den anscheinend nebensächlichsten Begebenheiten seine Aufmerksamkeit. Er weiss nicht nur, wer wie oft am Sonntag den Glocken in die Messe folgt, er weiss auch, wer nun schon wie oft in welchen Schuhen erschienen ist. Er weiss, welche Frau die Schürze zum Einkaufen auszieht, und er weiss auch, welche Frau sich nun wirklich endlich einen neuen Einkaufskorb anschaffen könnte.

Solchen Lächerlichkeiten zum Trotz gibt es wenig Leute, die in grösserem Einklang mit ihrer Umwelt und mit sich selbst zu leben verstehen. Neulich kommentierte er gerade die Tatsache, dass bei einigen seiner Tomatenstauden die Blüten abfallen – und darüber hatte er sich wirklich den Kopf zerbrochen –, da kam seine Frau Rosita herein. Sie hatte einen Kürbis im Arm. Lachend sagte sie, viele Leute würden Kürbis gar nicht mögen, aber der da, der esse alles. Mazet machte eine halb unwirsche Kopfbewegung und sagte: Wie komme ich dazu, keinen Kürbis zu essen, wenn doch jetzt Kürbiszeit ist.

Als ich ihn danach um eine Korbflasche Wein bat, sagte er: Am Sonntag wechselt der Mond. Bis dann hast du Zeit, dein Fass zu füllen. Aber nicht heute, denn heute ist Freitag.

Nicht am Freitag? fragte ich.

Nein, an einem Freitag habe ich mein Leben lang nie etwas mit Wein gemacht. Du magst das komisch finden, kannst mich auch für verrückt halten, dass ich solche Ideen habe, aber die kosten mich ja nichts.

Auch in seinem Gemüsegarten tut Mazet keinen Spatenstich, setzt nichts, sät nichts, erntet nichts, ohne sich nach dem Stand des Mondes zu richten. Der Himmel über der Erde, in welcher er als Selbstversorger unermüdlich kratzt, gehört zu seiner Welt wie das Dach zum Haus. Natürlich ist seine Welt im geläufigen Sinne nicht gross. Er könnte sie spielend an einem einzigen Tag zu Fuss und mit seinem Esel an der Hand einkreisen, aber in dieser Welt ist er zu Hause, unerschütterlich. In dieser Welt fällt kein Stein vom andern, ohne dass er es bemerkt. Über alles andere hält er den Mund.

Noch nie habe ich von Mazet eine Stellungnahme zu den eigentlichen Themen der Medien gehört, noch nie einen Kommentar zu politischen Ereignissen. Ich kann mich aber auch nicht erinnern, dass dieser Mann je eine Dummheit von sich gegeben hat. Die Einkäufe seiner Nachbarn interessieren ihn weit mehr als jede Wirtschaftsnachricht aus der Provinzhauptstadt. Eine mögliche Schwangerschaft oder gar die Ankündigung einer Hochzeit berühren ihn tiefer als die allergrössten Sensationen aus Madrid, Washington oder Moskau.

Nach meiner Rückkehr von einer langen Reise, von welcher ich ihm eine Postkarte mit den Wolkenkratzern einer südamerikanischen Millionenstadt geschickt hatte, begrüsste er mich freudig, erkundigte sich nach meinem Wohlergehen, schob zwei Gläser auf den Tisch und sprach plötzlich mit einer Ernsthaftigkeit, als wäre er, nicht ich, wochenlang den angeblichen grossen Gebrechen unseres Planeten ausgesetzt gewesen. Aber während du weg warst, sagte er, kannst du dir vorstellen, was hier passiert ist? Stell dir vor, da oben im Hühnerstall der alten Nuria, da ist letzte Woche tatsächlich ein Fuchs eingedrungen und hat ein Huhn gerupft.

Als würde er der berühmten Empfehlung Voltaires folgen, kümmert sich Mazet nur um seinen Garten. Dennoch sieht er sich manchmal die Nachrichten an. Bekanntlich läuft in Spanien der Fernseher ununterbrochen, ob nun aus Gewohnheit oder aufgrund einer Tradition, die vermutlich ebenfalls in der Diktatur ihren Ursprung nahm.

Nach dem Bürgerkrieg diente den Faschisten allerdings erst das Radio als Informations- und als Propagandainstrument nach bekannter Manier. Auch Franco war ein sogenannt «grosser» Orator, und ihn am Radio anzuhören, war zur Bürgerpflicht erhoben worden. In älteren Haushalten, besonders in ländlichen Gegenden, kann man diesen Befehlsempfänger noch heute bewundern. Unbenützt, aber prominent steht er neben einem Bild der heiligen Jungfrau, auf einem eigens dazu angebrachten Regal an der Wand. Meistens steckt er unter einer gegen Staub schützenden handgehäkelten Haube, und immer befindet er sich im *comedor*, im Esszimmer. Manchmal sind in seiner Nähe noch die schattenhaften Umrisse jenes Fleckens zu sehen, auf welchem das Porträt des Diktators gehangen hat.

Da erst geschwiegen werden musste, danach nicht mehr viel gesagt werden konnte, lief eben das Radio. In öffentlichen Lokalen, die beinahe ausschliesslich von Männern besucht wurden, entwickelte sich in jener Zeit vermutlich auch der weitverbreitete und anhaltende Drang, Karten zu spielen. Irgendwie musste die derart stark dem spanischen Temperament zuwiderlaufende Leere getilgt werden.

Später übernahm das Fernsehen die Rolle des Radios. Da dieses Gerät um einiges grösser und schwerer war, stand es nicht mehr auf einem Regal an der Wand, sondern meistens auf einem dreieckigen Brett in einer Ecke. Fussballübertragungen, vor allem die des europaweit erfolgreichen Aushängeschildes Real Madrid, wurden schnell zu den populärsten Sendungen. Aber auch die bekannte melodramatische Musik aus Andalusien, und natürlich Stierkämpfe, wurden dem Volk reichlich geboten.

Der Diktator, dessen Abbild heute noch auf vielen Münzen durch die Hände und Taschen der Leute geht und der sich nicht scheute, auf diesen Münzen zu behaupten, der liebe Gott habe ihn eingesetzt, kontrollierte selbstverständlich die Nachrichten. Aus dem gottlosen Ausland gab es vor allem schlechte, aus dem Inland, weil gottnah, vor allem gute. Es wurde ein derart falsches Bild vermittelt, dass viele Spanier nach dem Wegfallen der Zensur, aufgrund der plötzlich vorhandenen Bilder, das Ende der Diktatur mit dem Anfang des Bösen verwechselten, sich erschrocken abwandten von all diesen Kriminellen, von diesen Unzufriedenen, von diesen Terroristen.

Auch Mazet ist insgeheim überzeugt, dass die spanische Welt im vordemokratischen Zustand besser war. Er spricht jedoch nie davon.

Aber noch heute bleibt ihm beim Fernsehen ab und zu der Suppenlöffel bewegungslos in dem vor Staunen geöffneten Mund stecken. Gerade bei politischen Sendungen kann er manchmal kaum aufhören, bewundernd den Kopf zu schütteln. *Mira, como hablan!* sagt er dann. Schau wie sie reden! Denn es sind nicht die Ideen, nicht die Forderungen, nicht die klugen Erkenntnisse, die er bestaunt, es ist das, was man ihm und seinesgleichen vorenthielt oder austrieb, nämlich die Fähigkeit, sich auszudrücken, und zwar nicht distanziert und kommentierend, sondern persönlich und im eigenen Interesse. Noch dem unfähigsten Politiker, der den allergrössten Leerlauf erzählt, hängt er voller Respekt an den Lippen, weil der das hat, was die Spanier *la facilidad de la palabra* nennen und das man mit Wortgewalt, aber noch besser einfach mit Rhetorik übersetzen kann. So wird ein Gespräch wie ein Boxkampf verfolgt. Unwichtig, was die Teilnehmer von sich geben, je diffuser, je abstrakter und deshalb je unverständlicher sie daherreden, desto eher ist ihnen die Bewunderung des selbst sprachlosen Mazet zugesichert.

Der zuhörende Ausländer wird jedoch an Spaniens lange Geschichte des kurzen Redens und des langen Schweigens erinnert. Juan Goytisolo beschreibt sie eindrücklich in seinem wunderbaren Essay «Spanien und die Spanier», in welchem er unter anderem erzählt, wie noch zur Zeit der europäischen Aufklärung, als in Spanien sämtliche Wissenschaften von der Inquisition geächtet waren, die geistige Elite ernsthaft, und rhetorisch sicher auf höchstem Niveau, darüber diskutierte, ob die Engel fähig sind oder nicht, menschliche Wesen von Lissabon nach Madrid durch die Lüfte zu befördern.

Trotzdem. Ich persönlich, ich bewundere Mazet. Ich bewundere ihn für seine klaren blauen Augen, und ich bewundere ihn für seinen Instinkt, so genau zu wissen, wie gross er sich seine Welt bauen darf, um darin nichts aus den Augen zu verlieren und sie voll und ganz im Griff zu haben.

(Oktober 1990)

# Aznar
*Neuer Leader, alte Rhetorik*

Wofür er politisch wirklich steht, weiss niemand genau. Sogar die «Neue Zürcher Zeitung» spricht ihm ein fassbares Programm ab. Trotzdem: Bei allen Vorbehalten gegenüber Meinungsumfragen würde José María Aznar bei einem nationalen Urnengang gegenwärtig Felipe González besiegen.

1990, als er, jung und unbekannt, von den alten Herren des Partido Popular vorgeschoben wurde, hätte ihm dies kein Mensch zugetraut. Er war kaum vierzig, und es wurde von ihm erwartet, dass er die Partei für neue Generationen wählbar mache, indem er sie vom Image, eine postfranquistische Clique von Nostalgikern zu sein, befreite. Aber man lachte über den jungen Mann mit dem Schnäuzchen, nannte ihn einen Gernegross, Staubsaugerverkäufer und Charlie Chaplin der spanischen Politik. Witze machten die Runde, und der damals noch äusserst populäre Felipe González liess sich mehr als einmal zu herablassenden Kommentaren hinreissen.

Und jetzt fragte ihn vor zwei, drei Wochen anlässlich eines Besuches in Israel Jitzhak Rabin, ob er sicher sei, der nächste Ministerpräsident zu sein. *Completamente!* (völlig!) war die Antwort.

So kurz und klar drückt sich José María Aznar allerdings selten aus. Er ist ein Orator alten Stils, einer, wie ihn selbst eher sprachlose Massen lieben. Anstatt mit unverständlichen und sogar fremdländischen Begriffen um sich zu schlagen, hat er noch einen Sinn für grosse und schöne Worte wie Seele, Frieden, Heimat, Herz und Hoffnung. Wenn José María Aznar spricht, dürfen die Zuhörer und Zuhörerinnen mit ihm zusammen stolz auf die Schönheit ihrer ausdrucksstarken gemeinsamen Sprache sein, dürfen sich freuen über deren sonore Bandbreite, über die ergreifende, in jedem Satz unverwechselbare Sprachmusik.

Natürlich streut José María Aznar seine grossen Worte nicht leichtfertig unters gemeine Volk, vielmehr verteilt und verschenkt er sie spärlich und zögernd wie Gold. Zuerst beschert er aber immer die Vorfreude, das heisst, ohne es erst anzukündigen, sagt er nichts. «Ich werde euch sagen», oder «wahrlich, ich sage euch», heisst die Formel. Ihr folgt dann das Versprechen, dass er das, was er gleich sagen wird, nicht nur schon immer gesagt hat, sondern auch in Zukunft immer wieder sagen werde. Kommt es dann zu einer Aussage, kommt diese nicht einfach aus seinem Herzen, nein, bei ihm kommt alles, vermutlich per Aufzug, aus dem «allertiefsten Herzen» oder aus «den dunkelsten, tiefsten Ecken meiner Seele».

Ein derart tief verwurzeltes Wesen kann selbstverständlich nicht einfach vorbehaltlos neue, noch nirgends in tiefen Seelen verankerte Ideen und Lösungen zur Kenntnis nehmen oder gar öffentlich darüber diskutieren. Sehr zur Freude seiner Anhängerschar zeigt er sich dem Unerprobten gegenüber standhaft, lehnt es auch nicht einfach nur ab, er lehnt es ab «mit allen mir zur Verfügung stehenden Kräften».

Was ist beispielsweise gegen die wirtschaftliche Krise im arg gebeutelten Spanien zu tun?

«Dagegen müssen alle kämpfen! Mit allen ihnen zur Verfügung stehenden Kräften», rät Señor Aznar. Erst folgt Applaus, dann wird vielleicht doch noch nachgehakt: «Aber wie?»

«Ganz einfach», sagt der aussichtsreiche Kandidat für den mächtigsten Posten des Landes, das in Europa nicht nur eine der höchsten Arbeitslosenquoten, sondern auch die tiefste Beschäftigungsrate vorzuweisen hat. «Ganz einfach», sagt er, «indem alle mehr arbeiten.»

Da nach wie vor viele Spanier Verbalakrobatik mit Eloquenz und Intelligenz verwechseln, hat Aznar mit seiner Rhetorik zwar unbestreitbar politischen Erfolg, doch will der Stil weder zu seiner Jugend noch zu seiner Lieblingspose passen. Am liebsten gibt er sich nämlich staatsmännisch gelassen.

Dass er ruhig und gefasst, vielleicht gefasster als ihm viele zutrauten, reagieren kann, demonstrierte er bei den sehr knapp zu seinen Ungunsten ausgegangenen Wahlen von 1993, aber auch bei der Ermordung des Regionalpräsidenten seiner Partei im Januar 1995 im Baskenland und schliesslich einige Monate später bei dem Attentat, dem er nur durch ein Wunder und dank seinem mit 500 Kilo Kunststoff verpanzerten Audi entkam.

Seine Leibwächter hätten ihn ruhig sitzend im Fond des total zerstörten Wagens gefunden. Als erstes habe er nach ihrem eigenen Befinden gefragt.

Vielleicht ist auch dies nur eine Pose, nur ein weiterer ausgeklügelter Schritt auf dem Weg zu jenem Ziel, dem er und seine Partei sich restlos unterworfen haben. Hat er nicht gelernt, dass Jugendliche ihre Politiker auch gerne mal in Jeans an einem Popkonzert sehen, wenn auch nur fünf Minuten für den Termin mit der Presse? Hat er nicht gelernt, dass man die reisefreudige Journalistenzunft regelmässig in die entferntesten Hauptstädte Europas locken muss? Wer kann wissen, was dieser Mann denkt und fühlt? Als verstünde er sich selbst als Ware, die es unter allen Umständen an den Mann zu bringen gilt, hat er dieses aus Amerika importierte Politgebaren eines Produktmanagers, der mit grösster Flexibilität laufend auf die Gegebenheiten des Marktes reagiert. Aznars Interviews lesen sich denn auch immer wie Gespräche mit seinem Werbemanager. Von Politik ist selten die Rede, den eindeutigen Fragen weiss er auszuweichen, redet aber gerne klug und lang über die Spiele der Macht, die er ununterbrochen seinen Gegnern unterstellt, weil er selbst nichts anderes kennt.

Noch gibt es in Spanien Politiker und Politikerinnen, die ihre Karriere im Exil, im Gefängnis und im Untergrund begonnen haben. Zu jener Zeit, als diese Kräfte sich anschickten, an Spanien überfällige Reparaturen vorzunehmen, wurde Aznar Steuerinspektor und Mitglied jener Partei, die im Unterschied zu allen andern mit der Diktatur nie wirklich gebrochen hat. Schon mit dreiunddreissig war er Regionalpräsident von Kastilien und León. Die steile Karriere wird wenig Raum für Reflexion, Idealismus, Experimente gelassen, bestimmt aber die Instinkte für Macht und Intrige gefördert haben.

Ob er, nach Erreichen seines Zieles, die vielen Enttäuschten, Verunsicherten und Frustrierten, die von Spaniens Öffnung, von den drastischen Veränderungen der letzten Jahre überfordert wurden, lange mit schönen und grossen Worten wird befriedigen können, wird sich zeigen. Fest steht, dass hinter dem dynamischen Mann mit dem Schnäuzchen die dumpfen Mächte aus dem Hinterland aus Grossgrundbesitz und Adel ihre Zurückhaltung ablegen und sich wieder in den Vordergrund der Gesellschaft drängen werden.

(Mai 1995)

# Amador Sebastia
*Ein Emigrant erzählt seine Überlebensgeschichte*

*Vorbemerkung*
Amador Sebastia ist mein Nachbar. Er wohnt zwar fünf Häuser weiter oben an einer anderen Gasse – was in einem kleinen spanischen Dorf sehr weit sein kann –, doch in den Häusern zwischen uns wohnt niemand mehr. Ich begegne Amador in seinem Gemüsegarten oder wenn er mit einer Arbeit vor seinem Haus sitzt. Er ist ein ernsthafter Mann von 63 Jahren. Er liebt es, die Vorzüge des Lebens auf dem Land zu preisen. Er leidet glaubhaft, wenn er von den Arbeitslosen in den Städten redet. Schau, sagt er dann, die Erde gibt immer etwas her, und wenn es nur ein trockener Zweig ist für das Feuer, das dich warm hält. Sonntags zieht Amador seine schwarze Kordweste an, setzt seine bessere Baskenmütze auf und geht in die Messe. Anschliessend spielt er in der Taverne Karten. Als Hauptbesitzer der Schweinemästerei, die vier Familien des Dorfes ernährt, wird er mit überdurchschnittlichem Respekt behandelt. Als ich erfuhr, dass er in Deutschland gearbeitet hatte, fragte ich ihn, ob er mir für eine Radiosendung auf Band von seinen Erfahrungen erzählen würde. Er wehrte ab. Er sei nicht fähig, auf Deutsch ein Gespräch zu führen. Nein, nein, sagte er, das wäre vielleicht vor zwanzig Jahren möglich gewesen, als ich «unter ihnen war». Mit «ihnen» meinte er die

Deutschen. Aber auch damals hätte er nicht viel mehr sagen können als «Guten Tag, heute viel kalt» oder «Auf Wiedersehen». Später bat ich ihn, mir seine Geschichte doch auf Spanisch zu erzählen. Wiederum fand er etliche Ausreden. Wochenlang wich er mir aus, bis er eines Tages vorbeikam, um mir mitzuteilen, heute abend wolle er mir von seiner Reise nach Deutschland berichten. Es wurde kein Gespräch daraus. Amador setzte sich an mein offenes Feuer, wollte weder ein Glas Wein noch einen Schluck «Osborne Veterano», und legte los. Er redete zweieinhalb Stunden lang ohne Unterbruch.

*Das Dorf*
Ich glaube, es war im Jahr 1959, da wurde ich hier in unserem kleinen Rathaus in den Gemeinderat gewählt. Damals hatten wir noch unsere eigene Verwaltung. Sie bestand aus dem *alcalde* – so wird der Bürgermeister hier genannt – und fünf oder sechs Gemeinderäten. Dazu kam der Sekretär. Mich wählte man zum Stellvertreter des *alcalde* oder besser gesagt, der *alcalde* ernannte mich zu seinem Stellvertreter. Er selbst war schon ziemlich alt, auch war er kein Mann der grossen Worte. Ich war 38 oder 39 Jahre alt. Ich hatte einiges mehr erlebt als er, sagen wir, ich war schon ein bisschen in der Welt herumgekommen. So schien es wenigstens. Und klar: unser Dorf interessierte mich. Seine Probleme lagen mir nah, ich wollte ihm wieder ein wenig Leben einflössen. Wie es der Zufall wollte, amtierte in Morella – der nahen kleinen Stadt, der unsere Gemeinde inzwischen einverleibt worden ist – ein Freund von mir als Stadtschreiber. Auch er hatte sich entschieden, etwas für unser Dorf zu tun. Wir müssen etwas finden, hat er mir gesagt, das diesem Dorf weiterhilft.

*Wie das Dorf lebte*
Langsam begann man einzusehen, dass diese Art von Landwirtschaft, wie wir sie mit unseren Maultieren betrieben, keine Zukunft hatte. Nein, das führte nirgends hin. Die Jugend war gezwungen abzuwandern, man sah einfach, dass es mit unserer Art zu überleben bald vorbei sein würde.

Früher, ja früher, da gab es noch auf jeder *masia,* auf all diesen kleinen, über die ganze Landschaft verstreuten Gehöften mindestens ein paar Knechte und drei bis vier Taglöhner. Ja, davon lebten die Leute dieser Gegend. Von der Arbeit auf den *masias.* Jeden Montag verliessen frühmorgens sechzig bis siebzig Männer unser Dorf, um sich als Taglöhner ihr Brot zu verdienen. Alle, die nirgends eine feste Anstellung hatten, die gingen von Gehöft zu Gehöft für so und so viel pro Tag. Andere wiederum zogen aus, um Stützmauern zu bauen. Sämtliche Mauern, das ganze Mauerwerk, das du hier oft schon wieder in verwahrlostem oder gar zerfallenem Zustand siehst, all diese Mauern in den *bancales,* in diesen Hunderten von terrassenartig an den Hängen angelegten Äckern, wurden im Akkord aufgeschichtet. So hoch, so dick, entsprechend der Preis. Das führte jedoch alles nirgends hin, ein jeder konnte es sehen. Es machte sich für die Landbesitzer nicht mehr bezahlt, und auch für die Taglöhner nicht. Stell dir vor, was es da zu verdienen gab. Nein, das hatte keine Zukunft. Da baut einer im Akkord eine Stützmauer und kann dabei im besten Fall fünf Peseten pro Meter verdienen. Diese Menge Steine musst du dir vorstellen! Und die mussten geholt, ausgesucht, aufgehoben und richtig plaziert werden. Alles für fünf Peseten der Meter. Gut, vielleicht sagte einmal einer, ich gebe dir acht Peseten, du musst die Steine aber selbst bereitstellen. Einer bezahlte vielleicht sogar zehn Peseten, aber ohne jegliche Hilfe, vielleicht musste man die Steine noch selbst aus der trockenen Erde brechen. Klar, das lohnte sich alles nicht mehr, aber man musste ja leben.

Mir selbst ging es nicht schlecht. Ich überlebte, andere aber – die mussten emigrieren: an die Küste, in die Bergwerke im Baskenland, nach Katalonien. Es kostete Mühe, Arbeit zu finden. Ich musste fünfundzwanzig Jahre lang zur Erntezeit als Schnitter von Dorf zu Dorf. Ende Mai wurde in den tiefer gelegenen Regionen das Korn reif, so war ich dauernd unterwegs. Von Dorf zu Dorf, von *masia* zu *masia* zogen wir langsam mit der Ernte gegen die Sierra hinauf. Immer die Sense auf den Schultern. Jeden Tag, jeden Tag. Gut, manchmal regnete es, oder wenn du von einem Dorf zum anderen gegangen bist, hast du einen Tag versäumt, und dennoch: das war harte Arbeit. Kaum waren die Felder aber bis zu uns herauf kahl, ging man zur Weinlese nach Katalonien, denn hier gab es ja nichts mehr zu tun. Wenn du also im Monat Mai zwei- bis dreitausend Peseten verdienen konntest, so kam ein Taglöhner im Jahr auf fünf- bis sechstausend Peseten. Im Winter arbeitete ich dann als Tischler. Auch wieder dauernd unterwegs auf der Suche nach Aufträgen von Gehöft zu Gehöft. Ich war einer jener Tischler, die noch alles machten. Ich zimmerte Türen, Futterkrippen für das Vieh, Futtertröge für die Schweine. Ich baute Tische. Es kam vor, dass man dir auf einem Hof sagte: Mach mir doch einen Schrank, so einen modernen, in dem man die Kleider aufhängen kann, oder ich baute wie schon immer die hier üblichen Truhen. Da sägte man zuerst die Bretter, hobelte sie auch noch von Hand. Erst später, als ich bemerkte, wieviel Zeit mich das kostete, begann ich in Morella mit Maschinen, die man mir auslieh, alles vorzubereiten. Es gab auch Leute, die gaben dir drei oder vier Türen aus eigenem Holz in Auftrag, denn hier gehörte fast zu jedem Gehöft auch ein Stück Wald. Vielleicht gab man dir auch ein Jahr zum voraus Bescheid, damit dir Zeit blieb, für das Holz zu sorgen. Oder es hiess, warum kommst du nicht mal vorbei, so können wir zwei Tannen schlagen. Am liebsten arbeitete ich aber mit Zedernwacholder. Das ist ein Holz, das sich praktisch gleich nach dem Fällen bearbeiten lässt. Das läuft auch kaum ein. Da standest du aber dann da mit Säge, Axt und Schäleisen. Da hiess es zupacken!

Aber eben, man merkte immer deutlicher, wenigstens ich sah es, dass diese Leute auf den *masias* kein Auskommen mehr hatten. Heute weiss man es ja. Beinahe alle Gehöfte dieser Gegend stehen verlassen und verlottert da. Alle zugenagelt. Auf all diesen Gütern, die Hunderte von Leuten ernährten, lebt niemand mehr. Da sassen aber manchmal bis zu vierzehn Leute am Tisch, da gab es selten weniger als drei Maultiergespanne und für jedes einen Knecht, da waren vier oder fünf Taglöhner, da waren die damals noch vielköpfigen Familien der Besitzer, und immer auch ein Handwerker, wenn nicht gerade der Zimmermann auf dem Hof zu tun hatte, so war bestimmt der Maurer oder der Schmied da. Und heute? Bei den zwei, drei *masias,* die noch bewirtschaftet werden? Der Meister, seine Frau, der Sohn und vielleicht die Schwiegertochter. Es sind diese Veränderungen, die wir vorausgeahnt haben. Wir mussten einfach etwas Neues finden. Vor allem für unsere Jungen, damit die hierbleiben konnten. Aber was?

*Emigration als Ausweg*
Es war in den Jahren 58 und 59, um die Zeit, als immer mehr Leute wegzogen und diejenigen, die zurückblieben, unzufrieden waren. Da hörte ich als Gemeinderat viele Klagen und viele

Beschwerden. Was ist denn eigentlich mit uns los?, hiess es. Wie es komme, dass die Leute aus den Nachbardörfern – aus Forcall, aus Villores, aus Ortells – alle auswandern könnten, wir aber nicht? Es gebe die Möglichkeit, nach Frankreich zu gehen, neuerdings sei es auch Mode, nach Deutschland zu fahren, jedoch nicht für uns. Warum dem so sei? Ich weiss nicht, sagte ich, wir können ja mal fragen. Wir werden uns erkundigen, woran das liegt, aber Tatsache ist, sagte ich, von uns hat es auch noch keiner ausprobiert. Da ich auch einer von jenen war, die sich hier zwar über Wasser halten, aber sehen konnten, was sich im Ausland mit dem Willen, auf einiges zu verzichten und mit etwas persönlicher Opferbereitschaft verdienen liess, sagte ich mir, ich werde mich nicht drücken, ich gehe voraus, dann wissen wir mehr. Zu einem Kollegen, mit dem ich damals gerade arbeitete, und der aus einem anderen Dorf stammte, zu dem sagte ich einmal beim Mittagessen: Du, aus eurem Dorf sind doch schon welche losgefahren, nach Deutschland, erkundige dich doch mal, wie man so etwas an die Hand nehmen muss. So erfuhren wir von der Existenz eines Büros für Emigration in der Provinzhauptstadt Castellón. Dort gab es einen Beamten, der für alles zuständig war. Fahren wir hin! Versuchen wir es einfach! sagte ich. Und was bringen wir mit?, fragten wir uns. Einer hatte einen getrockneten Schinken, der andere zwei Rebhühner, einer zwei Flaschen Honig. So fuhren wir los. Alle, die interessiert waren, kamen mit.

*Die Rekrutierung*
Schon vierzehn Tage darauf informierte man uns, dass wir in Castellón medizinisch untersucht werden sollten. Also wieder hinunter in die Hauptstadt: 120 Kilometer hin und 120 zurück. Und alle waren tauglich. Aber noch fehlte die Unter-

suchung des deutschen Arztes. Man würde uns benachrichtigen. Zwei Wochen darauf war er da, und wieder ging es hinunter. Also noch eine Untersuchung. Von oben bis unten. Und wieder alle tauglich. Am ersten Tag wurden unsere Augen geprüft. Da gab es einige, die hatten keine Brille, konnten aber auf vier Schritt Entfernung keinen Esel sehen. Das war um die Zeit der Drei Könige, wir gingen wieder nach Hause, machten unsere Arbeit, bereiteten uns auf eine eventuelle Abreise vor. Dann kam die Nachricht, es war Anfang März 1960, man würde uns erwarten. Es war der Tag nach St. Josef, kein schlechter Tag für so etwas. Als erstes wurden auf dem Emigrationsbüro unsere Dokumente in Ordnung gebracht, und es hiess, an diesem Abend, um diese Zeit musst du dort und dort sein, es findet eine Zusammenkunft statt. Man wird euch alles erklären. Da gingen wir dann auch hin und trafen einen Priester an, ich sage dir, der hat uns eine Predigt verabreicht! Eine Standpauke war das! Zum Hintenüberfallen. Was es mit den deutschen Frauen auf sich hätte, was für Gefahren auf uns lauerten, dass wir zum Arbeiten dahin führen und nichts anderes, dass wir einen Batzen Geld verdienen sollten, dass derjenige, der ihn gleich wieder ausgebe ... nun, ich denke, dass einiges, was man uns sagte, für viele, die neunzehn oder zwanzig Jahre alt waren, vielleicht seine Berechtigung hatte, aber für uns, die wir über vierzig waren, wir hatten das so nötig wie einen Tritt in den Hintern – aber wir haben es uns angehört.

*Die Reise*
Am nächsten Tag wartete ein Autobus, und auf ging es nach Deutschland. Ich sage ja, all das machten wir, weil behauptet wurde, von unserem Dorf aus könne man nicht emigrieren,

doch das war nicht so. Genau gleich wie die anderen wurden wir behandelt. Es hatte nur daran gelegen, dass wir vieles nicht wussten. Oder niemand hatte es gewagt, Erkundigungen einzuziehen. Wer halt nie in die Stadt ging, wusste vieles nicht. Aber da waren wir schon unterwegs. Für den Fall, dass mir das ganze nicht bekommen würde, hatte ich Geld für die Rückreise dabei. Ich war ja schon älter, ich hatte meinen Beruf, mein Vater war noch kräftig genug, die Felder zu bestellen. Wir besassen fünfzehn bis zwanzig Schafe, ja, wir lebten nicht schlecht. Auf die Seite legen konnten wir nichts, aber an dieses Leben gewöhnt, ging es uns gut, und ich dachte, also wenn man mir dort das Leben schwermacht und ich es nicht aushalte, dann will ich nichts erzwingen, dann komme ich lieber zurück. Ich meine, die Männer, die in Frankreich gearbeitet hatten, erzählten, dass es oft 15 Tage lang regne, dass man im Regenschutz arbeiten müsse, immer durchnässt, dass viele sich etwas zugezogen hatten, die Gesundheit riskierten. Nein, dachte ich, gegen ein paar Peseten tausche ich meine Gesundheit nicht ein. Mit diesem Vorsatz machte ich mich auf den Weg.

Zuerst mit dem Autobus nach Madrid zum Bahnhof Atocha. Dort wurde ein Extrazug zusammengestellt. Ein ganzer Zug voller Emigranten. Ich weiss nicht, waren wir tausend oder mehr? Vielleicht waren wir zweitausend. Wir verliessen Madrid um zwei Uhr nachts, glaube ich, über Burgos nach Irún. Am nächsten Tag um zwölf Uhr waren wir an der Grenze. Wir stiegen aus, man gab uns zu essen. Alle runter vom Zug. Ich kam mir vor wie ein verfrachtetes Paket. Eine riesige Schafherde waren wir. Und wieder wurde rumgebrüllt: Was wir zu erwarten hätten, die Bedingungen des Vertrages, alles wurde erklärt, unsere Rechte, unsere Pflichten, alles, was wir zu unterschreiben hatten. Eine Tracht Prügel war das, mir schwindelt noch jetzt davon. Aber wir assen, und jeder kriegte eine Nummer, die er an der Jacke befestigen musste. Jeder hatte seine Nummer. Man sagte uns, dieser Zug halte nicht mehr an, bis wir in Deutschland seien. Nach dem Essen erhielt jeder noch eine Tüte mit Verpflegung. Das sei für das Abendessen, das für das Frühstück, das für morgen mittag, hiess es, denn am nächsten Tag würden wir in Köln eintreffen. Durch Frankreich und Belgien sollte es direkt nach Köln gehen.

Aber noch vor der Grenze lernte ich eine Seite von uns Spaniern kennen, die ich mir schlimmer nicht hätte vorstellen können, und dies, obwohl ich selbst Spanier bin. In Hendaye hatte man uns gebeten, von jetzt an nichts mehr wegzuwerfen. Passt auf, sagte man uns, ihr kommt jetzt in Länder, die, sagen wir mal, mehr Kultur haben als wir, Länder, die sehr sauber sind, benützt also eure Tüten für den Abfall. Aber hör zu! Noch in Hendaye zerschellten leere Flaschen an den Wänden des Bahnhofes. Kaum hatte sich der Zug in Bewegung gesetzt, flog alles zum Fenster hinaus. Es wurde rumgeschrien und geflucht. Was die sich denn einbildeten, uns solche Belehrungen zu verabreichen! Wir seien doch nicht irgendein Gesindel! Die sollten ihre Vorschriften für sich behalten. Auch das Abteil war voller Glasscherben. Nein, das gefiel mir nicht, aber so gelangten wir nach Deutschland.

*Die Ankunft*

In Köln wurden wir wiederum wie Vieh aus den Abteilen getrieben. War das ein Durcheinander. Weil wir uns alle vor der Kälte gefürchtet hatten, waren wir wie Esel beladen. Jeder hatte ausser den Koffern noch mit Wollsocken und dicken

Pullovern und Stiefeln vollgestopfte Taschen bei sich, da waren die Tüten mit der Verpflegung, der übriggebliebene Wein, jedem fiel etwas zu Boden, jeder war dem anderen im Weg. In Köln am Bahnhof gab es nun schon deutsches Essen, wir assen gut, und wer wollte, der konnte in einer Wechselstube seine Peseten gegen Mark tauschen. Von jetzt an waren unsere Peseten ja wertlos. Ich glaube, ich wechselte 5000 Peseten. Gut, wir waren arm, aber da hinter mir, da sah ich einige, die waren noch viel ärmer als ich. Es gab sogar etliche, die hatten überhaupt kein Geld dabei.

Als wir den Speisesaal verliessen, kam wieder eine Warnung über den Lautsprecher, aber eine von jenen, die so finster vorgebracht wurden: Vergesst nicht, dass ihr jetzt in Deutschland seid. Nicht mehr in Spanien! Hier fahren die Züge pünktlich. An den Bahnhöfen habt ihr fünf Minuten Zeit zum Ein- und Aussteigen. Jetzt verbleiben euch noch drei Minuten bis zur Abfahrt. Und wieder brach die Hölle los. Tüten zerrissen, Koffer schnellten auf, Flaschen zerbrachen, wir stürmten den Zug so gut und so schnell wir konnten. Wir wussten weder aus noch ein. Man hatte uns gesagt, dass man an jedem Bahnhof die betreffenden Nummern aufrufen würde. Wir hatten aber keine Ahnung, wo wir uns befanden, schon gar nicht, wann wir an die Reihe kamen, wann wir uns dem auf unseren Verträgen verzeichneten Bestimmungsort näherten. Beim ersten Halt nach Köln blieben bereits einige Männer auf dem Bahnsteig stehen. Wir lehnten uns aus den Fenstern und sagten, schaut, die bleiben hier. In Bonn waren es wieder einige. Und so immer mehr. In Frankfurt auch, und schon blieben nur noch wenige übrig. Und dann kam Mannheim.

Auf dem Weg von Bonn nach Frankfurt hatten wir Gelegenheit gehabt, eine Weile mit einem Italiener zu reden. Der war schon lange in Deutschland, und wir konnten ihn ein bisschen verstehen. Wie das so geht, zwischen Spanisch und Italienisch. Er hatte unsere Arbeitsverträge angeguckt und uns gesagt: Ihr Armen! Wenn ihr wüsstet, was euch erwartet! Eure Fabrik nennt man hier die Fabrik des Todes. Verdammt nochmal! Da sind wir schon ein wenig erschrocken. Fabrik des Todes. Wie sich später herausstellte, war da auch etwas Wahres dran. Es war tatsächlich schlimm. Es handelte sich um eine Radiatorengiesserei, die noch kaum mechanisiert war. Die dort hergestellten Radiatoren waren so riesig und schwierig zu manipulieren, dass bei Unfällen schon mehrere Männer zerquetscht worden waren. Man nannte diese Radiatoren auch *matahombres* – Männertöter.

Klar, sagten wir da, dieser Italiener hat uns gehörige Arznei verschrieben, und als in Mannheim ausser den bereits kontraktierten noch zusätzliche Leute gesucht wurden, zögerten wir nicht, uns die Sache anzuschauen. Wir stiegen aus.

*Die Einstellung*
Da kam ein Mann, der im Krieg als Pilot mit der Brigade Condor etwas Spanisch gelernt hatte, sich mittlerweile aber nur noch gebrochen ausdrücken konnte. Etwa so wie die Mohren hier in Spanien, redete er. Wir Männer suchen. Wir Arbeit, wir Arbeit! Fabrik! Fabrik! Acht Mann! Acht! Acht! sagte er. Erst verstanden wir ihn überhaupt nicht, dann kamen wir dahinter, und mit dieser Geschichte der *matahombres* im Hinterkopf waren wir natürlich froh. Warum versuchen wir es nicht? Wir erklärten, dass wir bereits Verträge hätten, und man bedeutete uns, das mache nichts, wichtig sei nur, dass jemand unsere Reise bezahle, welche Firma die 160 DM pro Mann aufbringe, spiele keine Rolle. Und wenn wir nach Hause fahren

wollten, bevor der Vertrag abgelaufen sei, müssten wir sowieso die Reisekosten zurückerstatten. Probieren wir es, dachten wir. Wenn es nicht klappt, können wir immer noch in die Fabrik des Todes gehen.

Also taten wir uns zusammen, alles Leute aus meinem Dorf und aus der näheren Umgebung. Da kamen schon der Personalchef der Fabrik, ein Dolmetscher und ein Chauffeur. Sieben von uns wurden in einen Lieferwagen geladen, mir sagte man: du steigst hier ein, du fährst mit uns! Ich stieg ein, und von Mannheim bis Waldorf, wo sich die Fabrik befand, fragte mich der Dolmetscher, ob ich die Männer, die sie ausgewählt hätten, kennen würde. Vier von ihnen kenne ich, sagte ich, drei kenne ich kaum, ich weiss nur, dass sie als Maurer gearbeitet haben. Man fragte mich, wer von uns spezialisiert sei, ob einer eine besondere Ausbildung habe. Man frage dies nur, um in der Fabrik möglichst alle am richtigen Ort einsetzen zu können, sagten sie. Schau, gab ich zurück, zwei sind Autofahrer, die haben einen Führerschein. Das sei nichts Besonderes, das könne hier jeder. Zwei sind Maurer, sagte ich, aber Maurer, nein, Maurer bräuchten sie keine. Was mich betraf, hatte ich keine Lust, mich als Tischler auszugeben. Mein Vater hatte nämlich während des europäischen Krieges im Norden von Frankreich gearbeitet, auch als Tischler, und er hatte mich gewarnt, wie schwierig es sei, einen Beruf auszuüben, ohne die Sprache des Ortes zu verstehen. Viel schwieriger als die Arbeit eines Handlangers ist das. Denn dem Handlanger drücken sie eine Schaufel oder einen Pickel in die Hand und sagen: Komm! Lade diesen Sand auf den Lastwagen oder sie sagen: Grabe hier ein Loch! Aber in meinem Beruf, wo genaue Messungen gefordert werden, nein, wie kannst du komplizierte Aufträge ausführen, wenn du sie nicht einmal verstehst? Schwierig ist das, und ich dachte daran. Ja, ich hatte sogar Angst davor. Also wenn ich zu Schaufel und Pickel greifen muss, das macht mir überhaupt nichts aus. Schliesslich sagte ich aber doch, dass ich etwas von Holz verstehe. Das interessierte sie sehr. Sie können wir in der Werkstatt unterbringen, wir brauchen einen Modelltischler, sagten sie. Morgen im Büro werden wir das alles regeln.

So gelangten wir nach Waldorf, und ich muss sagen, korrekter hätten sich diese Leute nicht verhalten können. Sie führten uns in so etwas wie eine Bar, bei einem Sportplatz war es. Da stand schon das Essen bereit. Für sie und für uns. Es gab Bier, dieses Bier, das die Deutschen so gerne trinken. Da waren drei oder vier Kellner, ausschliesslich für uns. Kaum war ein Bierglas halb leer, stand gleich wieder ein volles an seinem Platz. Ein Essen war das: allerbestes Fleisch, wunderbar zubereitet. Gut schmeckte das, sehr gut, und wir wussten nicht, wo das alles noch hinführen sollte. Es tat uns leid, dass unsere Familien so weit weg waren, und wir es so gut hatten.

*Die Unterkunft*
Also, schaut her, sagte man uns nach dem Essen. Hier habt ihr eure Unterkunft. Es waren Häuser, die man zu diesem Zweck gebaut hatte. Da gab es Zentralheizung, fliessendes Wasser, ein Zimmer für vier oder eins für zwei. Alles in bester Ordnung, mehr hätte man nicht verlangen können. Morgen um neun, sagte man uns noch, kommt ihr auf das Büro und wir teilen euch die Arbeit zu. Das war ein Freitag, am Montag waren wir in Castellón losgefahren. Am nächsten Tag erfuhren wir, welche Arbeit sie für jeden von uns vorgesehen hatten. In der Nacht vorher hatte aber ein alter Spanier, der bereits das Personalhaus bewohnte, unsere Verträge angeschaut und ge-

sagt, hier sei vermerkt, dass wir für die Unterkunft nicht selbst aufkommen müssten, dass in diesem Haus aber eine Miete von 30 DM erhoben werde. Das brachten wir nun vor. Man gab uns zu verstehen, wie immer höflich und korrekt von Mann zu Mann, diese Bedingungen könnten nicht extra für uns geändert werden. In den Personalhäusern der Fabrik lebten 150 Arbeiter. Da gab es etwa fünfzig Italiener, ich glaube bereits acht Spanier, zehn Türken, zwanzig Araber, alle unter den gleichen Bedingungen. Überlegt es euch bis Montag! Essen und Schlafen kostet euch solange nichts, sagten sie. Man verhielt sich tadellos.

Wir informierten uns dann, wie die Leute, die keine Miete bezahlten, untergebracht waren. Ich dachte, ich bezahle lieber 30 DM im Monat und lebe wie ein anständiger Mensch anstatt kostenlos in einem Schweinestall. Und wie Schweineställe sahen die Holzbaracken, die wir zu sehen bekamen, dann auch aus. Da gab es einen Gestank, man wagte kaum einzutreten. Die Wände waren schwarz wie diese Tür hier, und alles dreckig, dreckig, und die Leute, die dort wohnten, bemerkten es nicht einmal mehr. Ist das, was wir haben, nicht dreissigmal besser? fragte ich. Ein Geschenk war es. Was wussten wir denn, was der Unterhalt und das Saubermachen kostete? Und die Heizung? Und das Licht? Jede Woche kamen zwei Frauen, um die Küche und alles in Ordnung zu bringen, auch unsere Zimmer. Nein, es fiel uns leicht, auf dem Büro zu sagen, wir seien einverstanden, wir würden diese 30 DM bezahlen.

*Die Arbeit*
Blieb also die Verteilung der Arbeit. Sie fragten: Du, wieviele Kinder hast du? Ich bin ledig, sagte einer, ich auch, ein anderer. Ich bin verheiratet mit zwei Kindern. Ich bin verheiratet

und habe einen Sohn. Da jede Arbeit unterschiedlich bezahlt war, aber alle gleich viel verdienen sollten, schickte man die Ledigen in den Versand, wo sie die Möglichkeit hatten, den etwas niedrigeren Lohn mit Überstunden aufzubessern. Sie mussten vor allem die Lastwagen beladen. Einer arbeitete später nicht weit von mir entfernt. Er machte Holzkisten, die als Verpackung gebraucht wurden. Und ich – in die Tischlerei. Der Dolmetscher stellte mich dem Meister vor, der Meister führte mich zum Ingenieur. Man sagte mir, das hier, das ist deine Werkbank. Bald kam einer mit ein paar Schlüsseln und mit einem Buch. Er erklärte mir so gut es ging die Maschinen: Fräsen, Drehbänke, Bohrer, Band- und Kreissägen. Alle standen mir zur Verfügung. Man fragte mich, ob ich mich mit diesen Maschinen auskenne. Traust du dir das zu?, fragte man mich. Ich sagte: Fräsen und Drehbänke, nein, die anderen, die kenne ich. Und die Bezahlung? Ich glaube, die Hilfsarbeiter kriegten drei Mark die Stunde, ich kriegte vier, wegen meinen Berufskenntnissen.

*Die Deutschen*
Ja, da waren wir nun. Mit der Sprache gab es Probleme, aber diese Deutschen, es waren Heilige. Wenigstens für mich. Heilige, weil die Leute, mit denen ich zu tun hatte, die waren einfach gut. Bessere Leute findest du auf der ganzen Welt nicht. Geduldig, freundlich. Sie zeigten sich zufrieden, und nie habe ich mich über jemanden geärgert. Nie. Nie gab es Streit. Gut, manchmal machte man einen Witz mit mir, es kam auch vor, dass man mir einen etwas geschmacklosen Streich spielte, aber ich nahm es gelassen. Auch wenn sie etwas taten, was sie nicht hätten tun dürfen, was auch vorkam, wurde ich nicht böse. Ich war eigentlich mit allem zufrieden. Meine Arbeit war

einfach. Alles, was ich dazu benötigte, war am Lager. Ich musste abgenützte Gussmodelle reparieren, ab und zu auch nach einem Plan ein neues herstellen. Der Meister sagte mir jeweils, welches Holz ich dafür zu verwenden hatte.

So verging die Zeit. Alle Kollegen waren zuvorkommend, sie zeigten dir vieles, belehrten dich gutmütig. Man nannte mich immer Sebastian. Sebastian! Komm her! rief man mir zu. Meinen Vornamen benützten sie nie, der war ihnen sicher weniger verständlich. Ja, sie hatten alle ein Interesse, mir Sachen zu erklären, und ich muss sagen, ich hatte es besser als viele Deutsche. Die Giesserei war gross – es gab verschiedene Sektionen: Einen Ofen für eine Sache, einer für eine andere. Auch Frauen arbeiteten da. Für diese Frauen baute ich, als der Winter kam, Schutzwände aus Holz gegen die Kälte. Ich wusste ganz genau, was die brauchten. Da war auch ein Kollege aus Polen. Im Krieg war er nach Deutschland gekommen. Ich weiss nicht mehr, wieviele Jahre er schon in der Giesserei gearbeitet hatte ... und einer, der immer überall anzutreffen war – er war aus Sachsen – der hatte im Krieg auf einem Unterseeboot gearbeitet. Lauter gute Leute.

*Der Urlaub*

Von März bis Weihnachten waren wir also da, ohne die Familie zu sehen. Das war hart, besonders weil im Monat Oktober, am 31. Oktober war es, mein Sohn Augustin geboren wurde, denn meine Frau war schwanger gewesen, als ich nach Deutschland fuhr. An Weihnachten kamen wir für zehn oder zwölf Tage nach Hause. In einem Autobus fuhren wir durch die Schweiz. Überall war Schnee. Wir sahen hohe Berge, und man sagte uns, das sei der untere Teil der Alpen. Es gab bestimmt einen halben Meter Schnee, aber die Autobusse rasten mit achtzig oder neunzig Stundenkilometern darüber hinweg. Die Nacht verbrachten wir in Lyon, und über Barcelona kamen wir nach Hause. Im darauffolgenden Jahr hatten wir im August Urlaub. Ich glaube, es waren drei Wochen. Ende Oktober wurde aber mein Vater krank. Wir hatten das Haus voll Vieh, die Kinder waren noch klein – das Mädchen war neun, der Junge erst einjährig –, so musste ich wieder zurück.

Mir war klar, dass ich mich entscheiden musste. Entweder ich bringe meine Familie nach Deutschland oder ich bleibe hier. Die Firma zeigte sich grosszügig, man suchte mir eine Wohnung, man wollte mich nicht gehen lassen. Ich fühlte mich sehr schlecht deswegen, aber ich erklärte meinem Meister die Situation. Man sagte mir, das mit den Papieren und dem Pass sei kein Problem. Wenn es meinem Vater besser gehe, könne ich meine Stellung zurückhaben, ich bräuchte ihnen nur zu schreiben, dass ich komme. Nein, die Firma war gut zu mir, aber gelegentlich sah ich auch eine andere Seite. Es gab Emigranten, die waren nicht zufrieden, denn viele Leute schätzten uns gar nicht – man regte sich auf über unsere Art zu leben. Mir war auch klar, dass sich eine Krise abzeichnete. Also auch Arbeitslosigkeit.

Ich wusste, dass dies nicht ewig so weitergehen konnte und dachte, eines Tages werden wir diesen Leuten hier überhaupt nicht mehr fehlen. Auch wären wir immer Fremde geblieben. Wie soll ich meine Familie herbringen, und dann fühlen wir uns hier doch nie richtig zu Hause. Immer wären wir Fremde. Ja, jetzt haben sie uns hereingelassen, sie haben uns einen Gefallen erwiesen, und wer weiss, vielleicht haben auch wir ihnen in ihrer Entwicklung geholfen, aber ich fühlte, dass wir eines Tages überflüssig sein würden. Und genau das ist passiert. Ich habe mich also dafür entschieden, hier im Dorf zu bleiben. Aber so wie vorher konnte es auch nicht weitergehen.

*Neuer Anfang*
Mir war es einfach klar: unsere herkömmliche Art zu leben, die lag schon im Sarg. Damals begann ich mit dem Gedanken zu spielen, eine Schweinemästerei aufzubauen. Erst führte ich wieder meinen Beruf aus – wie gesagt: Wandertischler. Einen Monat hier, zwei Wochen dort. Auch hatte ich zu Hause die Tiere zu versorgen, aber es gab wenig bis keine Arbeit. Um das verdiente Geld anzulegen, kauften sich damals viele eine Wohnung in Castellón, denn in einem Jahr oder in anderthalb hatte man in Deutschland 150 000 bis 200 000 Peseten sparen können. Das war für uns ein Vermögen. Das bedingte allerdings, dass man auf das gute Leben der Deutschen verzichtete. Nein, zu Hause bleiben und ja nichts ausgeben, nur das allerbilligste Essen, nichts kennenlernen. Und dann mit diesem Opfer eine Wohnung kaufen? Was soll das?, sagte ich mir. Nein, ich setzte auf mehr Tiere und baute mir mit meinem Geld dieses Schiff dort drüben, ja, dieses Schweineschiff. Aber erst nur die kleine Scheune, die, welche mit Ziegeln überdacht ist. Das war der Anfang. Er kostete mich nicht ganz 200 000 Peseten. Das war im Jahr 1967.

Nach meiner Rückkehr hatte ich mir zuerst einmal bessere Maulesel gekauft, ich hatte mir auch mehr Land zugelegt, wir hatten mehr Vieh, aber da hast du das ganze Jahr hart gearbeitet, und wenn die Getreideernte kam, blieben dir doch nur 30 000 bis 40 000 Peseten. So macht die Arbeit keinen Spass, man musste einfach etwas anderes erfinden. Ich sagte mir also: ich probiere es mit der Schweinemast.

Anderthalb Jahre später, als die Scheune stand, mästete ich erst die Ferkel von drei Mutterschweinen, die ich schon hatte, und zwar auf meine eigene Rechnung – nicht im Auftrag einer Firma, wie das damals schon üblich wurde. Ich kriegte wieder Freude an der Arbeit. Ich kaufte Ferkel auf und mästete 120 Schweine, die erst mal sehr wenig Futter brauchten. Die Bedingungen waren gut, die Mastzeit wie auch die Bezahlungsfristen waren kurz, und innert vier Monaten hatte ich 50 000 netto verdient. Ich kaufte mir einen Traktor, auch einen kleinen Wagen für meine Tochter, aber klar, das war nur ein Anfang, ich musste weiter als Tischler arbeiten gehen und dazu meine Felder bestellen.

*Die Schweinemästerei*
Da hörte ich von der Möglichkeit, beim Staat ein Darlehen aufzunehmen. Und es gab Leute, die Interesse zeigten, bei einer Vergrösserung meiner Mästerei als Partner mitzumachen. Die Sache sah gut aus. Aber um das ganze wirtschaftlich aufzuziehen, mussten wir in der Grössenordnung von 10 Millionen Peseten einsteigen. Mir schien das nun doch etwas gross für unser Dorf. Man bedrängte mich aber, die Zeit sei günstig, und zwei oder drei meiner Bekannten hatten schon mit Erfolg in andere Mästereien investiert.

Ich setzte mich aber erst mit Leuten von hier zusammen. Ich sagte: Hört! Was diese Geldgeber mit den Banken und den Krediten der Regierung machen wollen, warum machen wir das nicht? Warum geben wir nicht vier oder fünf Familien aus dem Dorf ein Auskommen? Uh, du bist verrückt, hiess es. Keiner wollte damit etwas zu tun haben. So bin ich heute der einzige Teilhaber aus dem Dorf. Aber ich beziehe einen Lohn, wie die beiden Arbeiter auch. Ich bin Besitzer, gut, und doch bin ich es nicht. Einer der Besitzer. Ich machte das, weil ich nicht mehr immer der Arbeit nachfahren wollte, weil ich älter wurde. Was den Gewinn betrifft, muss ich sagen, die Gebäude sind bezahlt, vom Darlehen bleibt, glaube ich, nur noch eine Million abzuzahlen, doch so grosse Profite, wie einige behaupten, haben wir nicht gemacht. Wir füttern aus dem Sack, das ist immer teuer, auch bei Hühnern und Hähnen. Nein, verdient haben wir eigentlich noch nicht viel, doch würde man das ganze heute verkaufen, ja, da käme schon einiges zusammen. Allein die Tiere, all die Mutterschweine, doch doch, das hat schon alles seinen Wert. Wollte man dieses Unternehmen heute auf die Beine stellen, 30 Millionen würde es bestimmt kosten.

*Andere Möglichkeiten*
Wenn aber an Stelle der Schweinemästerei Ferienhäuser oder sonst irgend etwas Ähnliches gebaut worden wäre, eine Sägerei vielleicht, das Dorf hätte weniger gelitten. Das muss halt auch gesagt sein. Schöner wäre es auch. Diese Gerüche, die jetzt immer da sind! Denn in anderen Dörfern, wo es viel mehr Schweine gibt, riecht man sie gar nicht mehr. Hier schon. Da kann man sich lange Mühe geben. Beachten wir den Wind, wenn wir die Gülle ausfahren, kehrt er bestimmt und weht den ganzen Gestank in die andere Richtung ins Dorf hinein. Mir bekommt der Gestank überhaupt nicht, er schlägt mir auf den Magen. Auch heute habe ich deswegen wieder kaum richtig gegessen.

Nein, viel lieber hätte ich mit Schafen gearbeitet. Das sind genügsame Tiere, die sich ihr Futter selbst suchen. Ich hatte immer eine Vorliebe für sie, es ist auch die einzige andere Möglichkeit, in dieser Gegend hier einigermassen zu überleben. Aber auch wenn du fünfzig oder sechzig Tiere hast, wofür du mindestens zwei Leute brauchst, zum Hüten und zum Pflegen, mehr als 60 000 bis 70 000 Peseten kannst du im Jahr nicht aus der Herde nehmen. Sinn hätte das, wenn noch ein paar Schweine dazukämen, vielleicht dreissig Hühner und zehn Kaninchen, wenn du sehr viel Land, einen Traktor und tüchtige Maultiere hättest, so dass du praktisch nichts kaufen müsstest, weil du ja alles selbst erzeugen kannst. So war es hier früher, so lebte man, aber das ist alles verschwunden. Warum, weiss ich auch nicht. Diese abgelegenen und verlassenen Gehöfte will einfach niemand mehr bewirtschaften. Aber komm, das Wesentliche ist gesagt, und wenn wir nun schon über das Dorf reden, schalte doch das Tonbandgerät jetzt aus.

(April 1986)

# Das wahre Gefälle
*Ein Honduraner zu Besuch im Mutterland*

Als ich A. in Honduras kennenlernte, hatte er langes schwarzes Haar, grenzenlose Bewunderung für blonde Frauen und den grossen Wunsch, Christoph Kolumbus' folgenschweren Besuch auf seinem Kontinent eines Tages persönlich zu erwidern.

A. stammte aus einem jener halbindianischen Dörfer, in welchen kleine Kinder keine Kleider trugen und nicht alle Häuser richtige Türen hatten. Hier lernte er schon früh, das zu lieben, was als einziges billig und überall zu haben war: Die Sprache und die Musik. Dass er später studieren konnte, ist als glückliche Fügung zu betrachten. A. wurde Volksschullehrer in San Pedro Sula an der honduranischen Karibikküste. Bevor er dreissig Jahre alt war, hatte er eine kleine Tochter und eine Frau aus bürgerlichen Verhältnissen, die einen ganz anderen grossen Wunsch hegte als er. Sie wollte ihren Geschwistern nach Kalifornien folgen und Amerikanerin werden.

A. liess seine Familie ziehen, seine Lehrerstelle fahren und kam nach Tegucigalpa, um sich als Schauspieler zu versuchen.

Mühelos rezitierte er damals eine Stunde lang Rubén Darío, César Vallejo und Pablo Neruda, aber auch Antonio Machado. Und in Stücken von Bertolt Brecht und Peter Weiss spielte er Herren und Knechte, griff dabei zu seinen Rollen wie ein Widerstandskämpfer zum Gewehr. Obschon er eher schmächtig war und eigentlich sehr gerne lachte, wirkte er auf der Bühne stark und ernst, und seine Stimme klang immer, als käme sie nicht allein aus seiner Brust. Niemand zeigte die Adern seines Kontinentes offener vor, niemand konnte das Leid seiner Leute erschütternder besingen.

Man begann, ihm deshalb aufzulauern. Zwielichtige Gestalten bedrohten ihn, wollten ihn von seinen Auftritten abhalten. Es war A.'s Glück, dass die Macht damals in Honduras noch relativ harmlos gehandhabt wurde, dass im ganzen Staat eigentlich gar nichts richtig funktionierte, auch nicht die Zensur und nicht die Polizei, und er immer mit einem blauen Auge davonkam, wenn auch manchmal mit einem buchstäblichen.

Das benachbarte Nicaragua war noch nicht in den Schlagzeilen, und Honduras führte unter der Diktatur eines Generals ein Bananenrepublikdasein mit Schulbuchcharakter. Nirgends versprachen Direktinvestitionen höheren Gewinn. Für jeden investierten Dollar traten deren vier die Heimreise an. Der mächtige General war dafür so austauschbar, dass es sich schon damals kaum lohnte, seinen Namen zu erwähnen. Und die Stadt Tegucigalpa war in diesen Vor-Contra-Zeiten erst wenigen ein Begriff. Fern vom Pan-American-Highway, ohne Eisenbahnanschluss, war es die verschlafenste Hauptstadt Mittelamerikas. Es gab zwar bereits jene modernen Goldgräber der ganz harten Schule, die ihre gut sitzenden Anzüge auch in der grössten Hitze nicht auszogen, aber noch wimmelte es tagsüber in den Cafés von Abenteurern, Klein-Opportunisten jeder Art, von falschen Priestern, brav missionierenden Mormonen und trinkfesten Krokodiljägern. Die Nächte dagegen gehörten der sich regenden Jugend, den politisierten Studenten und Studentinnen, den Liedern und den Träumen, auch den magischen Pilzen, dem kolumbianischen Gras und dem Alkohol.

Weil Bier teuer war, sammelte man jeweils schon nach ein paar Runden Geld für die erste Flasche Rum Marke «Flor de Caña», um später zum «guaro» überzugehen. Einen *guarito* sagte man dann zum Wirt. Und dann sagte man es noch einmal und noch einmal. «Guaro» kam in kleinen, bunt etikettierten Fläschchen, war der billigste Schnaps, die primitivste aller Drogen mit Nachwirkungen der hirnzerfressendsten Sorte und absolut diabolischen Nebeneffekten. Oft blieben dann in einer Runde kurz ein paar Stühle leer, weil ein Streit mit einer Schlägerei vor der Taverne beendet oder weil in der Dunkelheit hinter der Taverne auf andere Art von der verbalen zur körperlichen Ebene übergegangen wurde. A. verschwand in so einer Stunde einmal sogar mit einer Amerikanerin. «Sie war halt blond», sagte er nachher.

Weit öfter kam es aber vor, dass sich unter dem Einfluss des Geistes aus den bunt etikettierten Fläschchen bei A. die eigene Geschichte mit der Geschichte seines Kontinentes vermischte. Plötzlich verselbständigte sich seine Schauspielkunst, und er stellte sich erst auf einen Stuhl, dann auf den Tisch, verzerrte seine Gesichtszüge, als müsste er sämtliche von seinem Volk erlittenen Qualen noch einmal selbst erleiden, wehklagte wie im Delirium, spuckte Galle, spie Feuer und das alles gereimt.

Dann war auch ich nicht mehr sein Freund, nicht einmal mehr *el suizo*, lediglich ein Feind und Ausbeuter, ein verdammter *hijo de puta*, ein Hurensohn wie jeder andere *gringo*, wie jeder andere, der ein bisschen hellere Haut hatte als A. selbst. Dann wurden in eloquentesten Drohversen Todesurteile vollstreckt, dann wurde der letzte Lackfleck abgekratzt von den romantischen Illusionen der so oft besungenen internationalen Solidarität, dann brach unerschütterlich wie die Schwerkraft das wahre Privilegiengefälle hervor. Freund hin oder her.

Als sich die politische Lage in Honduras zuspitzte, sah sich A. aus Sicherheitsgründen gezwungen, ein kolumbianisches Stipendium für Theaterwissenschaft anzunehmen. Von Bogotá reiste er dann mit 33 Jahren, aber in weniger als jenen 33 Tagen, die Kolumbus gebraucht hatte, über den Atlantik in die Alte Welt.

Mit Freunden zusammen spielte er in der BRD Stücke über Lateinamerika, sang in Fussgängerzonen seine Lieder, schrieb wunderschöne Gedichte und Geschichten mit zunehmend blonderen Heldinnen. In der Wohnung eines gemeinsamen Bekannten trafen wir uns wieder. Es ging ihm äusserlich sehr gut, er scherzte und lachte, doch war nicht zu übersehen, dass er auch litt.

Er litt ganz einfach, weil er sich in der BRD plötzlich geheimen, aus Tausenden von neuen Zeichen und Signalen bestehenden Codes ausgeliefert sah, die ihm allesamt so überflüssig erschienen, dass er nicht einmal versuchte, sie zu knacken. Er war es einfach nicht gewohnt, aus der Anordnung und der Auswahl von Kleidern, von Möbeln oder gar von Autos lesen zu lernen, mit wem er es zu tun hatte. So wie er sich vermutlich aus Protest weigerte, Deutsch zu lernen, weigerte er sich, in dem Aufwand, mit welchem ein Tisch gedeckt wurde oder in der Fülle der servierten Speisen zu erkennen, wie willkommen er als Gast war. Er hatte Fragen an die Alte Welt, er wollte keine Etikette, keinen roten Teppich und kein silbernes Besteck, er wollte den Leuten in die Augen sehen. Wo er hinging, lächelten die Gesichter, aber in den Augen sah er, dass sie weit weg waren, dass sie sich vor ihm und seinem Aussehen schützten.

Aber noch hatte sich sein grosser Wunsch, Kolumbus den Besuch persönlich zu erwidern, nicht erfüllt, und vermutlich in der Hoffnung, dass die Verhältnisse im Süden anders seien, nahm er meine Einladung, mich in Spanien zu besuchen, gerne an.

Von Norddeutschland über Paris und Bayonne reisend nahm A. wenige Monate später Kurs auf Saragossa. Dort hatte er vor, die Schutzpatronin Spaniens, die Heilige Jungfrau del Pilar, ohne deren zugesicherte Barmherzigkeit sich einst kein Seefahrer in die Neue Welt aufzubrechen gewagt hätte, mit eigenen Augen zu sehen. Aber angekommen vor dem Portal der gigantischen Basilika, umringt von Tauben fütternden Touristen und armseligen Bettlern, enttäuscht über die Massen von Gläubigen, die hier Schlange standen, um einer götzenähnlichen Figur von der Grösse einer Bierflasche, die er mit einer langen Geschichte von Gewalt und Elend verband, die Füsse zu küssen, überwältigte ihn das Verlangen, mitten in diesem Heiligtum Spaniens Wasser zu lassen.

So wurde A. an seinem ersten Tag im Lande von Kolumbus kurzerhand verhaftet.

Nach einer Nacht auf der Wache in Saragossa reiste er per Bus weiter in ein aragonesisches Dorf, in dessen Taverne wir uns verabredet hatten. Zu seinem Erstaunen durfte er hier erfahren, dass ihn die Wirtin, seinem Akzent zum Trotz, keinesfalls für einen von ihren Vorfahren auf den rechten christlichen Weg gebrachten Halbwilden, sondern offensichtlich für einen Chinesen hielt.

Als ich später die mit dem laufenden Fernseher und den stummen Greisen an fast leeren Tischen typische Bar betrat, wurde A. an der Theke gerade von einem Mann mit einem Bierglas in der Hand gefragt, woher er sei, um darauf zu hören zu bekommen, dass man ihm die Herkunft aus den Kolonien sehr wohl ansehe.

A. guckte erst verdutzt mich an, dann lächelnd die Wirtin, die hinter der Theke Gläser spülte. Schliesslich sagte er überraschend freundlich: «Wissen Sie, das mit den Kolonien, das war eigentlich früher, inzwischen sind wir seit bald zweihundert Jahren unabhängig.»

«Halt! Halt! Nur nicht so schnell», sagte da der Mann mit dem Bierglas. «Liess sich unsere Mutter Spanien etwa nicht ihre Brüste leersaugen, um euch zu ein wenig Kultur, zu einer Religion und zu einer richtigen Sprache zu verhelfen?»

Staunend schüttelte A. den Kopf und antwortete: «Klar, hombre, und während uns diese liebe Mutter mit der einen Hand die Brust gab, schnitt sie uns mit der anderen die Eier ab.»

Bald sollte A. jedoch Spanier kennenlernen, die nicht einmal vorgaben, schon von seinem Herkunftsland gehört zu haben. Ja, es kam sogar vor, dass jemand Honduras mit einer Automarke verwechselte. Ziemlich gelassen registrierte er, dass es kein öffentliches Bewusstsein gab für die Themen, die die seinen waren, deshalb auch kein Interesse für die Rolle, die er so gerne gespielt hätte. Seine Gedichte und Geschichten waren für die meisten Spanier und Spanierinnen nichts als ein Teil jenes grossen und lähmenden Liedes von der Schuld der andern. Und diese andern, die waren längst tot.

Enttäuscht kümmerte sich A. schon nach wenigen Tagen um seine Rückreise nach Deutschland. Vorher brach es aber noch einmal aus ihm heraus wie in alten Zeiten bei seinen berauschten Reden auf Stühlen und Tischen in honduranischen Kneipen.

Ganz plötzlich begann er eines Abends die unschuldigen Steine am Rand des Weges, über den wir nach Hause gingen, aufs grässlichste zu verfluchen, hielt jedem Kieselstein Ignoranz und Analphabetentum vor, verfluchte dann die ganze Alte Welt, verfluchte ihr feiges Schweigen und ihre versteinerte Verschlossenheit. Dann sah er nicht mehr Steine in einer kargen Landschaft, er sah nur noch Berge von unterbezahlten Kolonialprodukten, sah ganze Gebirge von gestohlenem Gold und Silber, präsentierte, zu einer rhetorischen Hochform auflaufend, interkontinentale Jahrhundertrechnungen, die es hier und jetzt endlich zu begleichen gelte, schrie in die Nacht hinaus, dass er befugt und berechtigt sei, unheimlich viel mehr zu verlangen, als nur aufgeklärtes Interesse und billige Solidarität. Er habe es auch satt, dauernd in schmalen Gästebetten und auf Wohnzimmersofas schlafen zu müssen, wo wir in seinem Land doch noch heute für uns die Paläste beanspruchten.

Geblieben ist mir vor allem ein Vorwurf. Ruhiger geworden, erhob er ihn später ununterbrochen: Hier, in der Alten Welt, gäbe es nicht einmal mehr Musik. *«Aquí no hay música»*, sagte er immer wieder.

Wenige Tage danach wartete im Hafen von Barcelona eine Mitfahrgelegenheit auf ihn. Wie er später erzählte, hatte er Spanien innerlich bereits abgehakt. Er betrachtete es deshalb als kleine Ironie des Schicksals, dass er die Metro genau dort verlassen musste, wo hoch oben, von der Öffnung des Treppenschachtes eingerahmt, den Arm ausgestreckt Richtung Amerika, kein anderer auf seiner Säule stand als Christoph Kolumbus.

(Dezember 1992)

# Quellenachweise

*Ein Weg ausserhalb der Zeit*, «Das Magazin», Nr. 12/1989
*Denn das schöne blaue Meer macht manches wieder gut*, «Die Wochen-Zeitung», Nr. 36/1986
*Fest für Maria in Malagas Gassen*, «Das Magazin», Nr. 15/1990
*Andalusien – Land der Herren und Knechte*, «Neue Zürcher Zeitung», 14./15. September 1991 (ergänzt)
*Geliefert wird nur gegen bar*, «Die WochenZeitung», Nr. 50/1993
*Barcelona – Spaniens selbstbewusste Stieftochter*, «Das Magazin», Nr. 18/1992 (ergänzt)
*Der Ball ist rund wie die Welt*, «Die WochenZeitung», Nr. 19/1994 (ergänzt)
*Schnitt und Punkt*, «Die WochenZeitung», Nr. 19/1994
*Wasserkriege*, «Die WochenZeitung», Nr. 32/1994
*Verwüstete Welt*, «Literatur und Kritik», Oktober 1994
*Reigen und Riten, Wein und Visiten*, Erstveröffentlichung
*Europas Garten Eden*, «Die WochenZeitung», Nr. 9/1994
*Tanz der Pyromanen*, Erstveröffentlichung
*El Cordobés kehrt zurück*, «Die WochenZeitung», 20/1994
*Das Hotel Pegaso – null Sterne, sechs Räder*, «Die WochenZeitung», Nr. 44/1994
*Mazet*, «Der Bund», 27. Oktober 1990
*Aznar*, «Die WochenZeitung», Nr. 20/1995
*Amador Sebastia*, «ZeitSchrift», April 1995
*Das wahre Gefälle*, «ZeitSchrift», Dezember 1992

# Übersichtskarte

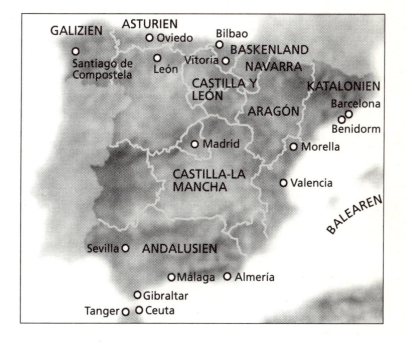

**Texte, wie sie im Buche stehen.
Woche für Woche in der WoZ.
Wo sonst.**

Die WoZ jeden Freitag und
einmal im Monat mit
«Le Monde diplomatique»
am Kiosk oder direkt im Abo.
WoZ, Postfach,
CH-8031 Zürich
Telefon 01/272 15 00
Telefax 01/272 15 01
E-mail: woz@woz. link-ch1.-ch

**In der WoZ. Wo sonst.**